INFO GUID

Lanzarote

von Gottfried Aigner

Auf der hinteren Umschlaginnenseite finden Sie eine ausfaltbare Landkarte.

in den blauen Ozean mit absolut sauberem Wasser. Diese Urlaubswelt ist im windigen Costa Teguise zu finden, noch umfangreicher sind die Strände in Puerto del Carmen und im südlichen Playa Blanca mit den benachbarten, unverbauten Papagayo-Buchten.

Bei Ausflügen ins Zentrum der Insel und nach Norden begegnet einem, was dem lanzaroteñischen Künstler César Manrique am Herzen lag: der Schutz von Architektur, Kunst und Umwelt. Dasselbe Ziel hat die UNESCO, die Lanzarote 1993 zum Weltbiosphärenreservat ernannte, eines der meist geschützten Gebiete unter den wichtigsten Ökosystemen der Welt. Neben dem Erhalt von Flora und Fauna sollen auch die hübschen weißen Dörfer wie Yaiza, Tinajo und Haría unverändert bleiben sowie die Architektur der ehemaligen, ehrwürdigen Hauptstadt Teguise nicht angetastet werden.

Ebenso unberührbar sind das Tal der 1000 Palmen bei Haría, im Norden das Malpaís de La Corona, das Inselchen La Graciosa und der steile Fels Risco de Famara, das Wüstengebiet El Jable zwischen Teguise und Sóo – und natürlich La Geria, die kunstvolle Rebenlandschaft in der von den Vulkanen ausgespieenen Asche.

2

Chronik

Daten zur Geschichte

Das Schicksal und die Besiedlung der Kanarischen Inseln verliert sich im Dunkel der Geschichte. Erst mit den Eroberungen, dem Wettkampf um die Vorherrschaft auf den Weltmeeren vor allem zwischen Portugal und Spanien, treten die Kanaren in das Bewusstsein Europas.

Vor etwa 16 Mio. Jahren Lanzarote steigt nach Fuerteventura durch vulkanische Kräfte aus dem Atlantik.

3000–1000 v. Chr. Vermutlich erste Besiedlung von Nordafrika aus in mehreren Wellen; um 1100 wird die Entdeckung der Kanaren durch die Phönizier auf der Suche nach neuen Handelswegen vermutet.

500–200 v. Chr. Vereinzelte archäologische Funde bestätigen die Besiedlung der Kanaren von Nordafrika aus. Die frühen Einwanderer sind dem Cro-Magnon-Typ zuzuordnen, die sich im Mittelmeerraum angesiedelt hatten. Erste Königreiche der Altkanarier, der Guanchen, werden gegründet.

35 n. Chr. Funde römischer Amphoren auf Lanzarote (und Fuerteventura) weisen auf einen Handelsaustausch mit den Ureinwohnern hin.

1. Jh. Durch Plinius d. Ä. (23–79) belegte Expedition des Mauretanischen Königs Juba II. auf die Kanari-

Durch vulkanische Kräfte aus dem Atlantik gestiegen – die Kanareninsel Lanzarote: Windkraftwerk am Risco de las Nieves

Die ersten Siedler

Die ersten Einwohner der Kanaren hatten wenig Kontakt zueinander, die Altkanarier auf Lanzarote und Fuerteventura lebten ziemlich isoliert. Selbstbewusste Lanzaroteños nennen sich *Mazigios*, abgeleitet von *Amazigh*, eine heute noch in Nordwestafrika lebende Bevölkerungsgruppe, zu der Berber und Tuaregs gehören. Allgemein nannten sich die Ureinwohner der Inseln Lanzarote und Fuerteventura *Majos*, nach ihren Höhlenwohnungen (*Majos* oder *Mahod*). Noch heute ist der abgeleitete Begriff *Majoreros* für die Einwohner Fuerteventuras gültig; die Lanzaroteños hingegen heißen im Volksmund *Conejeros*, das sind »Kaninchenjäger«.

Die Guanchen, wie inzwischen alle Altkanarier des Archipels vereinfacht genannt werden, bauten Gerste, Weizen und Hülsenfrüchte an, die Felder wurden mit an Stöcken befestigten Ziegenhörnern bearbeitet. Hunde halfen den Hirten beim Hüten von Ziegen, Schafen und Schweinen. Boote hatten die Guanchen nicht, sie fischten vom Ufer aus mit Netzen und Speeren oder trieben die Fische in eine Bucht und betäubten sie mit dem Saft der Tabaiba. Die Kleidung bestand aus Ziegen- und Schafsfellen.

schen Inseln. Ovid (43 v.–17 n. Chr.) besingt in seinen »Metamorphosen« den ewigen Frühling auf den Inseln unter dem Namen *Insulae Canariae*.

Bereits Ovid besang in seinen »Metamorphosen« den ewigen Frühling auf den Kanarischen Inseln (Holzschnitt aus der Schedelschen Weltchronik, 1493)

2. Jh. Der griechische Naturforscher Ptolemäus (ca. 100–160) zeichnet eine Weltkarte und trägt dabei den Nullmeridian durch die Insel Hierro ein sowie die Lage von *Canaria* – Gran Canaria.
Danach verliert sich das Wissen über die Inseln für mehrere Jahrhunderte.

1312 Der Italiener Lancelotto Malocello entdeckt die Kanaren und bleibt bis 1330 auf Lanzarote. Nach Lancelotto wird die Insel Lanzarote benannt (durch Lautverschiebung im Portugiesischen von L zu R). Der toskanische Dichter Petrarca (1304–74) berichtet von einer bewaffneten Mannschaft aus Genua, die bis Lanzarote vorgedrungen sei.

1341 Expedition des portugiesischen Königs Alfonso II. (1279–1357); er beauftragt den Florentiner Angiolino del Tegghia mit der Kartografierung der Kanaren.

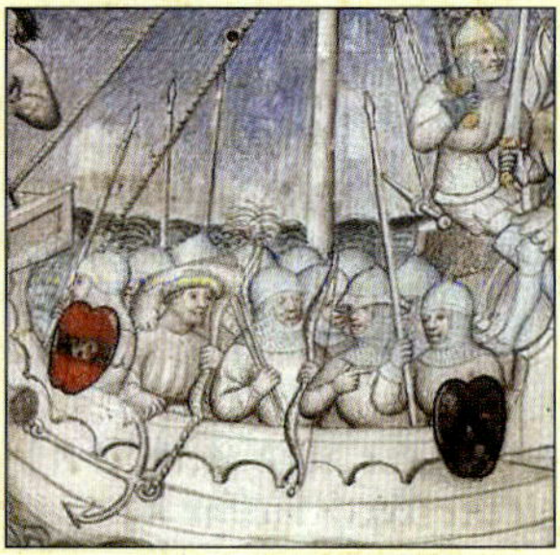
Die Eroberung der Kanaren durch den Normannen Jean de Béthencourt (Handschrift aus dem 15. Jh., British Museum, London)

1344 Der Kastilier Don Luis de la Cerda kauft von Papst Clemens VI., der sich zum Herrscher aller unentdeckten Länder erklärt hatte, die Kanaren, kann den Tribut aber nicht bezahlen – die Inseln fallen an Spanien. Die Inselbewohner werden von Abenteurern und Piraten beraubt und versklavt.

1402 Der Normanne Jean de Béthencourt ankert in der Meerenge El Río zwischen Lanzarote und La Graciosa und schließt mit dem kanarischen König Guardafía einen Friedenspakt, der sich davon Schutz gegen Piraten verspricht. Danach erobert Béthencourt Fuerteventura; er bringt aus Sevilla zahlreiche Soldaten, aber auch Handwerker und etliche Adelige mit, die sich auf den Inseln ansiedeln und friedlich mit den Insulanern leben.

1406 Krönung Jean de Béthencourts zum König der Kanarischen Inseln, danach verlässt er die Inseln und stirbt 1425 in Frankreich. Sein Neffe und Nachfolger Maciot heiratet Teguise, die schöne Tochter des Guardafía. Wegen brutalen Sklavenhandels mit den Inselbewohnern wird er im Auftrag der Krone ins Exil nach Madeira verbannt, verkauft die Inseln an mehrere Interessenten, Streit zwischen Kastilien und Portugal entsteht.

1440–77 Diego de Herrera, der Marschall von Kastilien, eignet sich neben El Hierro und La Gomera während der Streitigkeiten auch Lanzarote und Fuerteventura als Lehen an. In Lanzarotes fruchtbarem Süden wird in großem Stil Getreide angebaut.

1492 Kolumbus entdeckt Amerika, die Kanaren erlangen wichtige strategische Bedeutung vor der Überquerung des Atlantik.

1496 Teneriffa wird als letzte Kanarische Insel blutig der kastilischen Krone unterworfen, doch Lanzarote und Fuerteventura bleiben bis ins 19. Jh. Lehen.

16. Jh. Ständige Überfälle durch Piraten und Sklavenhändler, im Jahre 1560 leben nur noch 500 Einheimische auf der Insel.

1618 Die Algerier Tabac und Soliman überfallen mit 30 Schiffen die Insel; viele Bewohner flüchten in die Cuevas de los Verdes, andere werden als Sklaven verschleppt. Auswanderungswellen nach Südamerika. Bis 1630 schrumpft die Zahl der Inselbewohner auf 300.

1726 Der Schriftsteller Don José Clavijo y Fayardo wird in Teguise geboren, studiert in Las Palmas und siedelt später nach Spanien über. Er war das Vorbild für Goethes literarische Figur im Drama »Clavigo«.

1730–36 Verheerende Vulkanausbrüche und Dürreperioden erschüttern die Insel, neue Auswanderungswellen nach Mittel- und Südamerika.

1760 Wirtschaftliche Blütezeit unter Karl III., die Kanaren sind letzte Versorgungsstation auf dem Weg in die Neue Welt.

18. Jh. Piraten überfallen und zerstören mehrfach den Hafen von Arrecife und die damalige Inselhauptstadt Teguise.

19. Jh. Die Kanaren werden zu einer einzigen Provinz zusammengefasst, mit Santa Cruz de Tenerife als ihre Hauptstadt.

Die aus Europa eingeschleppten Schädlinge Reblaus und Mehltau zerstören die Weinkulturen der Inseln, auch Lanzarotes *Malvasía*-Reben sind betroffen.

1824 Ein letzter Vulkanausbruch bedeckt die Ebene von Tiagua mit Lava und Asche.

1852 Die Kanarischen Inseln werden zur Freihandelszone. Nach Teguise wird die Hafenstadt Arrecife zur Inselhauptstadt.

1877/78 Eine Wasser- und damit verbundene Hungersnot veranlasst an die 8 000 Lanzaroteños zum Auswandern. Knapp 18 000 Bewohner bleiben auf der Insel zurück.

Der Inselkünstler César Manrique (1919–1992) beeinflusste nachhaltig die Architektur und das ökologische Denken auf Lanzarote

1919	César Manrique wird in Arrecife geboren. Der Maler, Bildhauer und Architekt beeinflusst Architektur und ökologisches Denken auf den Kanaren.
1927	Gran Canaria wird mit Lanzarote und Fuerteventura eigenständige Provinz; ihre Hauptstadt ist Las Palmas de Gran Canaria.
1936	Der vom Festland verbannte General Franco fliegt heimlich von Gran Canaria in die spanische Kolonie Marokko, sein Putsch gegen die Republik führt zum Spanischen Bürgerkrieg. Unter der Diktatur Francos (1939–75) verarmt Lanzarote.
1968	César Manrique kommt auf seine Insel zurück: Ausbau der Jameos del Agua bei Haría, in Arrecife Gründung des Museo Internacional de Arte Contemporáneo im Castillo de San José, Bau seines Hauses in Taro de Tahíche südlich von Teguise, später Museum und Sitz seiner Stiftung. Der Multimediakünstler Ildefonso Aguilar wird Direktor des Kulturamtes (bis 1985).
1969	Bei San Bartolomé baut César Manrique die Casa del Campesino.
1970	Beginn des Tourismus auf Lanzarote, dank Manrique und dem von ihm veranlassten Bebauungsplan halten sich die Bausünden in Grenzen. Der Künstler gestaltet das Restaurant »El Diablo« im Nationalpark von Timanfaya.
1972	César Manrique baut den »Mirador del Río« mit Blick auf La Graciosa und die Salinen.
1974	Madrid erklärt das Timanfaya-Gebiet zum streng geschützten Nationalpark. Gründung des Kulturzentrums, *El Almacén*, von Arrecife.
1975	Nach dem Tod General Francos führt der spanische König Juan Carlos I. das Land in die Demokratie.
1982	Die Kanarischen Inseln werden autonom.
1986	Spanien tritt der EG bei, Sonderstatus für die Kanaren.

Schutz der Naturschönheit

Der von der UNESCO inszenierte »Plan Lanzarote en la Biosfera« dient dem Schutz der Umwelt und ihrer natürlichen Ressourcen, der Artenvielfalt und der Landschaft. Außerdem fordert der Plan die Wiedererlangung und Restauration des Kulturerbes, die Entwicklung und Erhaltung der Inselwirtschaft, die Verringerung der Abfallerzeugung und des Verbrauchs an Ressourcen. Ein Problem stellt die Entwicklung des Tourismus dar – mit bereits 250 000 Betten in Hotels und Apartments drohe die Kapazität des Ökosystems Schaden zu nehmen.

Einklang von Kunst, Architektur und Natur im Vorhof der Fundación César Manrique nahe dem Örtchen Tahíche

1990 Manrique schafft auf Lanzarote den »Jardín de Cactus« – sein letztes Werk.

1992 Volle Integration der Kanaren in die Europäische Union, doch die Zollbestimmungen bleiben wie für Nicht-EU-Länder gültig.
Tödlicher Unfall César Manriques, sein Freund und Nachlassverwalter José Juan Ramírez führt die Stiftung, die »Fundación César Manrique«, weiter.

1993 Die UNESCO erklärt Lanzarote zum Weltbiosphärenreservat.

1998 Verschönerung der Hauptstadt Arrecife zum 200. Geburtstag. 1,7 Millionen ausländische Urlauber auf der Insel.

1999 Verdoppelung der Flughafen-Kapazität.

2004 Zuwachs der ausländischen Urlauber auf 1,9 Millionen.

2005 Der Kulturverein »Aldea Ajey« in San Bartolomé eröffnet die historische »Casa Mayor Guerra«.

2006 Rauchverbot in öffentlichen Gebäuden und Gaststätten.

2007 1,6 Millionen ausländische, davon 314 000 deutsche Touristen besuchen die Insel.

2009 Der Tourismus stagniert bei etwa 1,6 Millionen Besuchern jährlich, die Bevölkerung Lanzarotes wächst auf 140 000 Einwohner an.

3

Arrecife

Ein Bummel durch die Inselhauptstadt

Um vor Überfällen sicher zu sein, gründeten die spanischen Eroberer die Inselhauptstadt im Inneren Lanzarotes. 1418 wurde dafür *Gran Aldea*, eine Siedlung der Altkanarier, in Teguise umbenannt und ausgebaut. An der Küste gab es nur einen kleinen Hafen, die Boote versteckten sich hinter schwarzen Vulkanriffs, den *Arrecifes*. Durch den Handel mit Amerika wurde bald der Ausbau notwendig, man brauchte Lagerhallen für die Waren und Wohnungen für die Hafenarbeiter und ihre Familien sowie eine Kirche. Der bescheidene Reichtum Arrecifes lockte aber die Piraten aus Europa und Afrika. 1551 plünderte der französische Korsar Pie de Palo den Hafen, 1569 raubte und versklavte der Pirat Calafat 200 Bewohner, zwei Jahre später plünderte und zerstörte der gefürchtete berberische Seeräuber Dogan das Hafenstädtchen.

Endlich wurde wenige Jahre später auf der vorgelagerten Insel zur Verteidigung des Hafens das Castillo de San Gabriel gebaut. Doch es half nicht viel, schon 1586 zerstörte der algerische Pirat Morato Arraez Stadt und Kastell. Schließlich schaltete sich König Philipp II. ein und beauftragte den italienischen Spezialisten Leonardo Torriani mit dem Ausbau der Festung so wie sie heute noch dasteht. Eine steinerne Zugbrücke, Puente de las Bolas (*bolas* = die steinernen Kugeln), verband die Insel mit dem Land, später kam der Damm Puente de Las Palmas hinzu.

Die zweite Festung, das Castillo de San José im Nordosten der Stadt, war nicht zur Verteidigung gedacht – König Karl III. befahl 1771 die Errichtung als Arbeitsbeschaffungsmaßnahme (sozusagen ABM) für die durch Vulkanausbrüche hungernden Einwohner. Nach den

Naturkatastrophen ging es aufwärts mit Arrecife, 1792 wurde für die großen Handelsschiffe El Muelle de las Cebollas, die »Mole der Zwiebeln«, ins Meer gemauert. Die Einwohnerzahl (1848: 2363 Personen) und die Bedeutung des Hafens nahmen zu, folglich musste Teguise auf die Verwaltung verzichten und Arrecife wurde 1852 zur Inselhauptstadt ernannt.

Hundert Jahre lang wurde der Handel gepflegt, es ging um Arbeitsplätze, weniger um gepflegte Straßen und repräsentative Gebäude. Als Mitte des 20. Jahrhunderts an den Stränden der Tourismus erblühte und dort moderne Städte entstanden, machte die Hauptstadt einen ungepflegten Eindruck, so dass sie von Urlaubern gemieden wurde. Erst im Laufe der 1990er Jahre und vor allem im neuen Jahrtausend erwachte die Metropole aus ihrem Aschenputtel-Dasein. Heute kann sie sich wirklich sehen lassen.

Bummel durch die Stadt

Für eine Übersicht eignet sich am besten das **Castillo de San Gabriel** – von der Terrasse aus sind alle wichtigen Punkte Arrecifes zu entdecken. Im Westen steht das einzige Hochhaus der Hauptstadt, das lange Zeit als Ruine den Boulevard verunzierende **Gran Hotel**, für Fremde ein weithin sichtbarer Wegweiser in der ansonsten flachen Stadt. Mit der Renovierung des 17-stöckigen »Wolkenkratzers« wurde auch der **Parque Islas Canarias** erneuert, unter ihm entstand eine Tiefgarage mit 800 Plätzen. Westlich vom modernen, mit Inselpflanzen bestückten Park zieht sich die schöne **Playa del Reducto** in einem Bogen vor der Avenida Fred Olsen die Küste entlang. Dahinter befindet sich der neue Sitz des **Cabildo Insular**, der Inselregierung, ein ockerfarbenes Gebäude im neoklassizistischen Stil. Nach Osten folgt eine parkähnliche Meerespromenade, mitten drin die **Casa de la Cultura »Agustin de la Hoz«**, ein sehenswertes Gebäude des 19. Jahrhunderts.

aD4
aC1/2
aC2
aC1

Der Binnenhafen von Arrecife: Charco de San Ginés

aC3/4 Gegenüber dem wehrhaften Kastell San Gabriel, gleich rechts vom **Puente de las Bolas** steht die **Casa de Los Arroyo**, ein historisches Gebäude aus dem 18. Jahrhundert mit wunderschönem Patio, geschmückt mit geschnitzten, hölzernen Treppenläufen und Balkonen. Es ist auch der Sitz des Centro Cientifíco Cultural Blas Cabrera; hier werden wechselnde Kunstausstellungen gezeigt. In der Sala Pancho Lasso wird der auf der Insel geborene Bildhauer Pancho Lasso (1904–73) geehrt. Er war Lehrer des großen Umweltschützers, Architekten und Künstlers César Manrique.

Zwei Ecken weiter, durch Gassen mit restaurierten, kleinen Häusern zu erreichen, lugen die grünen Wipfel einiger Palmen und indischer Lorbeerbäume aus dem Häusermeer. Neben der schattigen Plaza de las Palmas steht die Pfarrkirche **Iglesia San Ginés**. Ihr weißer Turm, (aB4) dessen Kanten und Geschosse mit grauschwarzen Lavasteinen abgesetzt sind, erhebt sich über die Dächer. Im Inneren der Kirche sind schöne Mudéjar-Decken zu entdecken, einen der drei grauschwarzen Rundpfeiler umschlingt eine kleine barocke Holzkanzel, in der neoklassizistischen Hochaltarwand stehen die Muttergottes und eine Skulptur des San Ginés, des ersten Bischofs von Arrecife.

Direkt gegenüber dem Castillo de San Gabriel verläuft die Fußgängerzone der **Calle León y Castillo** bis (aA–aC3) zur Stadtmitte. Der untere Teil lohnt einen kleinen Einkaufsbummel. Leider mussten die alten Textilgeschäfte mit umlaufenden Innenbalkonen der Konkurrenz, den modernen Boutiquen mit bekannten Modemarken, Platz machen. Einen Aufenthalt zu einem Drink oder Snack sollte man sich im zweistöckigen, glasüberdachten **Mercadillo** gönnen, Läden mit Kunsthandwerk und Leder ergänzen das ruhige, gemütliche Areal. Ein paar Schritte weiter steht ein architektonisch weniger reiz-

Die Pfarrkirche San Ginés in Arrecife

Trinkwasser vom Atlantik

Auf dem Weg vom Castillo de San José Richtung Costa Teguise stehen mehrere **Meerwasser-Entsalzungsanlagen**, die 90 Prozent des auf der wasserlosen Insel benötigten Trinkwassers produzieren. Den Rest stellen eine Anlage bei Playa Blanca und mehrere große Hotelanlagen her. Um den Druck des Meeres zu nutzen, liegen die Wasserfabriken direkt am Meer, die Tanks für die Aufnahme des Meerwassers im Fels unter dem Wasserspiegel. Durch mehrfache Filterung wird das Atlantikwasser mit 50 Gramm Salz pro Liter auf trinkbares Nass mit 0,15 Gramm des Minerals reduziert. Zum Komplex gehört auch die Mineralwasser-Fabrik »Chafari«, deren Produkt in vielen Lebensmittelgeschäften zu finden ist.

voller Komplex. Das Kaufhaus Centro Comercial Atlàntida hat seine Pforten geschlossen, es wich einem der üblichen Supermärkte. Das Kinozentrum auf der Rückseite wurde von Fernsehen und Internet verdrängt.

Besucher der Inselhauptstadt wenden sich lieber dem hier beginnenden, attraktiven **Charco de San Ginés** zu, einer großen Lagune, auf der bunte Boote schaukeln. aB3/4 »Charco« heißt eigentlich Pfütze. Und eine schmutzige, stinkende Lache war er auch, bis César Manrique den traurigen Binnensee reinigen, die umliegenden Häuser renovieren ließ und eine neue Fußgängerzone mit blauen Geländern schuf. Auch die kleine Brücke am östlichen Ende wurde repariert, sie überspannt die Verbindung der Lagune mit dem Meer. Früher trieben hier die Fischer Arrecifes bei Flut die Thunfische in die Falle und metzelten sie nieder. Die Nachkommen der Fischer leben auf der anderen Seite des Charco in den hübschen Fischerhäusern. Ein Bummel durch das sanierte Fischerviertel **Valterra** zeigt die Mühe der Stadtverwaltung, Manriques Werk fortzusetzen und der Metropole ein freundliches Aussehen zu verleihen. aA/aB 4/5

Östlich des Viertels breitet sich der **Puerto de Naos** aus, zum Teil ein lebhafter Fischereihafen, zum Teil Parkplatz für nicht mehr benötigte Fischfangkutter, da die Gründe vor der afrikanischen Küste inzwischen ziemlich abgefischt sind. aA/aB5 Weiter außerhalb der Stadt, zwischen dem Fischerei- und dem Fähr- und Handelshafen **Puerto de los Marmoles** steht das aus massiven Basaltquadern gemauerte **Castillo de San José** über der Steilküste. G8 Gebaut wurde die Burg ab 1779, um den durch Vulkanausbrüche hungernden Menschen Lohn und Arbeit zu geben, deshalb auch der Beiname »Fortalezza del Hambre« (Hungerburg). In seinen Gemäuern ist das von César Manrique konzipierte **Museo Internacional de Arte Contemporáneo** untergebracht. Ein architektonischer Genuss ist schon allein der große tonnengewölbte Hauptraum, hinzu kommen eindrucksvoll aufgestellte Kunstwerke der Moderne. Das Museum verfügt über eine wertvolle Sammlung zeitgenössischer Kunst, darunter u.a. Arbeiten von Joan Miró, Oscar Domínguez, Eusebio Sempérez und selbstverständlich des Inselkünstlers César Manrique.

Service-Informationen zu Arrecife

aC3

Touristeninformation
Patronato de Turismo
Blas Cabrera Felipe s/n, 35500 Arrecife
✆ 928 81 17 62, Fax 928 80 00 80
www.turismolanzarote.com

aC3

Informations-Kiosk im Parque José Ramírez Cerdá gegenüber dem Castillo de San Gabriel
✆ 928 81 31 74, auch Stadtpläne etc.

aD3/4

Castillo de San Gabriel
Gegenüber dem Parque José Ramírez Cerdá
Mo–Fr 9–16, Sa 9–14 Uhr
Die Innenräume der von zwei Kanonen beschützten Burg sind zu besichtigen. Ausstellung alter Fotografien zur Inselgeschichte.

aC3

Casa de la Cultura »Agustin de la Hoz«
Avda. La Marina 7
Mo–Fr 10–13 und 17–20 Uhr, Eintritt frei (in Renovierung)
Zweistöckiges Gebäude (um 1900) mit großzügiger Eingangshalle. Informationen über kulturelle Veranstaltungen, von Zeit zu Zeit Ausstellungen.

aC3/4

Casa de Los Arroyo
Centro Científico Cultural Blas Cabrera
Avda. Coll s/n
Mo–Fr 10.30–13.30 und 16–19 Uhr, Eintritt frei
Historisches Wohnhaus (18. Jh.) mit schönem Innenhof, geschmückt mit geschnitzten Treppenläufen und Balkonen. Wechselnde Ausstellungen. In der »Sala Pancho Lasso« Werke des 1904 auf der Insel geborenen Bildhauers Pancho Lasso.

aB4

Iglesia San Ginés
Plaza de las Palmas
Tägl. 9–13 und 17–20 Uhr
Schöner schattiger Platz. Aus Vulkanstein: die Kanten des Turms, der Rahmen des Hauptportals, im Inneren die Pfeiler und der Fußboden. Schöne Kassettendecke im Mudéjar-Stil, Altar mit der Figur des Stadtpatrons San Ginés.

G8

Castillo de San José/Museo de Arte Contemporáneo
Avda. de Naos s/n
Tägl. 11–21 Uhr, Eintritt frei

Imposante Festungsarchitektur (1771–79) mit einer geschickt konzipierten Ausstellungsform, Werke von Miró, Manrique u.a. Gutes Restaurant (✆ 928 81 23 21, €€€).

Das wehrhafte Castillo de San José beherbergt heute das internationale Museum zeitgenössischer Kunst (Arrecife)

G7

Shopping Center Deiland
Calle Chimadas 20, Playa Honda, 3 km westlich von Arrecife
Mode, Leder, Supermärkte, Bars und Restaurants, Kino, Kindergarten.

G7

Aguaviva
Calle Mastil 31
✆ 928 82 15 05, durchgehend, So/Mo geschl.
Gute kanarische Küche, Fischgerichte. €€–€€€

nördl. aA2

La Puntilla
Ribera del Charco 52, Arrecife
✆ 928 81 60 42, durchgehend geöffnet, So geschl.
Kleine, fantasievolle Gerichte, Ziegenkäse, Fisch und Fleisch. €€€

aC2

Pizzeria Italiana Gigi
Avda. de Dr. Rafael González 4
✆ 928 81 47 49, Mi geschl.
Sardischer Familienbetrieb, große Auswahl an Pizzen. €

aC2

Los Angeles
Avda. de Dr. Rafael González 6
✆ 928 81 23 17, tägl. 7–24 Uhr
Beliebte Cafeteria. An Tischen an der Straße kann man auch draußen sitzen.

Tradition: Domino-Spieler am Parque José Ramírez Cerda

Calle León y Castillo

aA–aC3

Die Hauptstraße zieht sich vom Puente de las Bolas schnurgerade nach Norden, hier sind die meisten Geschäfte zu finden, vorwiegend Boutiquen mit bekannten Modemarken.

aB/aC4

Mercado Municipal

Calle Manuel Miranda s/n, nahe der Pfarrkirche

Mo–Sa 8–12 Uhr

Kleiner Gemüse- und Obstmarkt mit den Erzeugnissen der Insel; es gibt auch mehrere Bars. In der Nähe (Calle Libre) frischer Fisch in der **Pescaderia**.

aB3

El Mercadillo

Calle León y Castillo 14

Kleines, stimmungsvolles Einkaufszentrum mit glasüberdachtem, zweistöckigem Patio. Es gibt eine Cafeteria, ein kleines Restaurant sowie verschiedene Geschäfte mit Kunsthandwerk und Lederwaren.

Nachtleben

aC/aD1

aB3–aC1

aB1/2

Das Nachtleben in der Hauptstadt ist nicht besonders auffällig. Meistens treffen sich die jungen Leute zum Schwatz an der Uferpromenade oder an der **Playa del Reducto**. Später geht es dann in die Musikbars, Cafés und Kneipen der **Calle José Antonio**, dort sind die Tanzbars El Convento und La Fábrica beliebt, nördlich des Zentrums lockt die **Calle de Portugal** mit einigen Discos, die allerdings oft wechseln. Discos, die in der Hauptstadt schon länger das Publikum anziehen, sind **Tambo Bar**, **Tsunami Bar** und **La Tacita**.

Ausflug:

Burg und Quesera de Zonzamas

F7

Zwei historische Besonderheiten liegen an der LZ 34 zwischen der Fundación César Manrique und San Bartolomé. Etwa auf halber Strecke, kurz nach der Kuppe, also schon wieder die Straße abwärts, liegen auf der rechten Seite die Ruinen des **Palacio de Zonzamas,** des vorletzten Herrschers der Majos. Grundmauern sind zu sehen, viele Hügel mit verschütteten Resten der Burg, einige gut erhaltene *casas hondas* (Höhlenhäuser) wurden ausgegraben, aber wieder verschlossen. Seit Jahrzehnten soll hier ein archäologisches Zentrum entstehen, aber der Arbeitsbeginn wird immer wieder geschoben. Für historisch Interessierte lohnt es sich trotzdem, auf der Ebene mit Blick über die Insel und das Meer zu stehen, mitten in einer verfallenen Stadt der Altkanarier.

Die Straße wieder zurück, geht unterhalb der Kuppe ein Weg nach rechts auf eine Hochebene in Richtung Arrecife. Am Ende des Plateaus, nach etwa einem Kilometer, stößt man auf einen im Boden liegenden Basaltfels. Die **Quesera de Zonzamas** ist von tiefen und breiten Rillen durchfurcht, wahrscheinlich ein Trankopferaltar der Guanchen (vgl. auch Quesera de Bravo, S. 45). Am Rande des südlichen Abhangs mit Blick auf das weite Meer spürt man, dass es eine heilige Anlage gewesen sein muss. Der Zugang zu beiden Sehenswürdigkeiten ist frei.

Klare Farben und Formen: Inselarchitektur in Arrecife

4 Vista Points

Orte, Landschaften und Sehenswürdigkeiten

Innerhalb der Regionen sind die Orte und Sehenswürdigkeiten in alphabetischer Reihenfolge sortiert.

DAS ZENTRUM

Im Zentrum Lanzarotes versammeln sich die meisten historischen Orte, Zeugnisse der Altkanarier wie der **Palacio de Zonzamas**, Verteidigungsanlagen gegen Überfälle durch Welteroberer und Piraten wie das **Castillo de Guanapay** sowie weiße Dörfer, deren Bewohner noch das Kunsthandwerk pflegen. Hier finden sich aber auch Beweise für den ökologisch weitblickenden Inselkünstler Manrique – durch seinen Einfluss gerettete Landhäuser, Bauernhöfe und Paläste und seine erste Wohnung in den **Lavagrotten bei Tahíche**, die heute eine gut besuchte Stiftung ist.

Zum Zentrum zählen auch die Schönheitskönigin **Teguise**, die alte Hauptstadt, und **Arrecife**, die neue Metropole, die ihr Aschenputtel-Dasein längst aufgegeben hat. Als Urlaubszentrum wurde das ausufernde **Costa Teguise** in den Sand gebaut. Zur Inselmitte gehört aber vor allem die Lavalandschaft **La Geria**, die sich trotz Unwirtlichkeit zum größten Weinanbaugebiet der östlichen Inseln entwickelte.

Arrecife
Vgl. S. 12 ff.

Costa Teguise
Die Ferienstadt Costa Teguise, nordöstlich von Arrecife, ist auf dem Reißbrett entstanden. Wo früher wertloses Sandgebiet lag, wetteiferten mit Beginn des Tourismus Investoren und Baulöwen um die höchsten und breitesten Bettenburgen. Der ökologische Wächter Manrique wurde hier überrollt, seine liebliche Ferienhaussiedlung **Pueblo Marinero** wird von den umliegenden Klötzen erdrückt.

Aber der Kunstort hat schöne Strände, die wegen des steten Windes durch Wellenbrecher geschützt sind. Die Surfer schätzen das bewegte Wasser weiter draußen. Urlauber genießen hier außerdem das große Angebot an Boutiquen, Restaurants, Bars, und Diskotheken. Besonders am Wochenende geht es an der **Avenida de las Islas Canarias** besonders turbulent zu. Erfrischung bietet der **Wasserpark Ocean Park**, 3 km Richtung Tahíche (tägl. 10–18 Uhr, Eintritt € 21/15).

Von Surfern geschätzt: das windige Costa Teguise

Tourismusinformation
Centro Comercial Los Charcos, Locál 11
Avda. Islas Canarias s/n
35509 Costa Teguise
✆ 928 59 25 42, Fax 928 59 29 89
costateguise@turismolanzarote.com

Playa del Jablillo, Playa de las Cucharas
Der gepflegte Jablillo-Strand ist durch einen Wellenbrecher vom ständig wehenden Wind geschützt, ideal für Familien mit Kindern.
Der Cucharas-Strand ist Treffpunkt vor allem für Windsurfer, hier gibt es daher mehrere Surfschulen.

F/G9

Pueblo Marinero
Im noch ursprünglich gebliebenen Pueblo versammeln sich Bars, Kneipen und Restaurants für jeden Anspruch. Die meisten haben durchgehend geöffnet, ein Anruf ist empfehlenswert. Beispiele:

Las Brasas
✆ 928 59 07 61, Mo geschl. €€€

El Pescador
✆ 928 59 08 74, So geschl. €€€

Außerdem zu empfehlen:
Neptuno
Avenida del Jablillo, C.C. Neptuno
✆ 928 59 03 78
Mittags und abends geöffnet, So, Mitte Juni–Mitte Juli geschl.
Beliebtes Restaurant, gute Fischgerichte, Fleisch vom Grill. €€€

Hilfe für die Landwirtschaft

Kurz nach Tahíche, auf der LZ 34 Richtung San Bartolomé, liegt die **Granja Experimental**. Hier werden für die Landwirtschaft Lanzarotes neue Methoden ausgetüftelt, um die Landarbeit zu erleichtern und den Ertrag zu erhöhen oder neue Gemüse- und Obstsorten dem Klima der Insel anzupassen. So wurden besonders flache, gestützte Pflüge für die Lapillischicht (vgl. Trockenfeldbau, S. 32) und spezielle Setzmaschinen für Zwiebeln und Kartoffeln konstruiert. Manche Produkte wie Bohnen, Kartoffeln, Erdbeeren und Melonen sind der starken Windbelastung, der sie in manchen Gegenden ausgesetzt sind, nicht gewachsen. Die Agrartechniker züchten in mühseligen Versuchen resistente und ertragreichere Sorten. Inselfremde Pflanzen werden in Gewächshäusern und geschützten Feldern akklimatisiert und danach den Landwirten angeboten: z. B. Apfelsinen, Birnen, Feigen, Kürbisse, Mangos und Papayas.

F8

Club de Golf Costa Teguise
3 km oberhalb Costa Teguise, Straße nach Tahíche, ✆ 928 59 05 12, Fax 928 59 23 37
www.lanzarote-golf.com
18 Löcher, Par des Platzes 52, ganzjährig geöffnet.

F9

Surfen, Mountainbikes
Surfschulen und Verleih von Mountainbikes gibt es vor allem in der Nähe der Strände.

F9

Tauchen:
– **Calipso Diving,** Avda. Las Canarias s/n, Centro Comercial Calipso, Costa Teguise, ✆/Fax 928 59 80 79
www.calipso-diving.com
– **Lanzarote Dive Service**
Hotel Galeon Playa, Avenida El Jablillo s/n, Costa Teguise, ✆ 928 34 68 03, Fax 72 11 51 58 07 26, www.lanzarotedive.de

Das silberne Windspiel César Manriques am Kreisel vor Tahíche

F7

Fundación César Manrique

Das ehemalige Wohnhaus des großen Künstlers und Architekten Manrique ist von Arrecife aus über die LZ 1 erreichbar, kurz vor dem Örtchen Tahíche am großen Kreisel mit dem silbernen Windspiel geht es nach links. Als Begrüßung dreht sich ein weiteres, buntes Windspiel vor dem Eingang.

Manrique kehrte 1968 aus den USA zurück und entdeckte auf einer Fahrt über die Insel mitten im erstarrten schwarzen Lavafluss die grüne Krone eines Feigenbaums aus einer Lavablase lugen. Er sah dann die Kette von Vulkanhöhlen und wollte das fruchtlose Land dem Besitzer abkaufen, der aber schenkte ihm die wertlose Scholle. So entstand die unterirdische Wohnung **Taro de Tahíche** (*Taro* = frühere Hirtenhütten aus Lava), mit der César eine Verbindung zwischen Natur und Mensch schuf.

Fünf der vom Künstler ausgebauten unterirdischen Vulkanblasen, durch natürliche Röhren miteinander

Das einstige Wohnhaus des Künstlers ist heute Sitz der Fundación César Manrique

verbunden, sind zu besichtigen. Jede hat ihre eigene Farbe: Weiß, Rot, Schwarz und Gelb, dann folgt das Atelier mit der **Colección Manrique**. Hier erst versteht man die Verbundenheit Manriques mit seiner Insel, vor allem bei den Mischtechnik-Gemälden aus Ölfarbe, Gestein und Asche – die Vulkane und die strömende Lava scheinen nach dem Betrachter zu greifen. Vor dem Werk »Color de la tierra« meint man die Hitze der feuerspeienden Vulkane förmlich zu spüren, so ausdrucksstark sind die vielen, mit Sandfarbe vermischten Rottöne des großen Bildes.

Als zu viele Architekten, Künstler und Neugierige das Haus besichtigen wollten, er keine Ruhe mehr fand, zog Manrique 1987 in ein altes Bauernhaus nach Haría. Seine alte Wohnstätte wurde Museum der von ihm gegründeten Stiftung. 1992 verunglückte er am Verkehrskreisel direkt in der Nähe des Taro de Tahíche tödlich. Die Stiftung wird seitdem von Manriques Freund und Nachlassverwalter José Juan Ramírez betreut.

Fundación César Manrique
Kurz vor Tahíche, www.fcmanrique.org
Juli–Okt. tägl. 10–19, Nov.–Juni Mo–Sa 10–18, So 10–15 Uhr, Eintritt € 8 (Kinder ab 12 Jahren)

F7

Obergeschoss mit Innenhof und dem um eine große Lavablase angeordneten Wohnzimmer, Manriques **Sammlung moderner Kunst**: Picasso, Miró, Manuel Valdés, Eduardo Chillida u.a. Im Raum mit der Bezeichnung **Espacios** einige Arbeiten von Manrique, im früheren Schlafzimmer mit dem Namen **Bocetos** (Entwürfe) Manriques Skizzen für seine Windspiele, Skulpturen und Gemälde. Über eine **Basalttreppe** geht es dann in die berühmte Vulkanblasen-Wohnung mit der **Colección Manrique** (vgl. oben).

F6–G3

La Geria

Vom Monumento al Campesino südwestwärts bis vor Uga zieht sich Lanzarotes größtes **Weinanbaugebiet** über 15 Kilometer durch eine unwirtliche Vulkanlandschaft. Sie entstand im 18. Jahrhundert durch die verheerende Glut der speienden Feuerberge. Die Bauern der Insel retteten sich vor der Urgewalt nach Gran Canaria, erst allmählich wagten sich einige zurück und standen vor dem katastrophalen »Acker«: Lava und Asche, versiegte Quellen und Brunnen, Regen höchstens im Winter in geringen Mengen, ständiger Wind, der den Boden austrocknet – eine lebensfeindliche Mondlandschaft.

Weingut Stratus Wein + Käse

Einige unentwegte Lanzaroteños erinnerten sich an die Berichte des Bischofs Don Pedro Dávila, der beobachtet hatte, dass sich saftiges Grün durch die schwarze Körnerschicht geschoben hatte. Auf dieser Basis entwickelten die Winzer eine trickreiche Methode. Sie gruben tiefe Trichter in den Aschenboden und setzten dort Reben in die Lapillischicht.

Das System: Durch den Trichter sind die Pflanzen vor dem Wind geschützt, die basaltischen, porösen Lapilli saugen den Nachttau auf und geben die Feuchtigkeit am Tag an den Humus weiter, der durch den gegrabenen Trichter schnell von den Wurzeln der Reben erreicht wird. Eine Alternative ist, die Rebe durch hohe, aufgeschichtete Mauern aus Lavasteinen zu schützen.

Die mit Trichtern und Mäuerchen übersäten Hügel und Ebenen, in jeder schwarzen Vertiefung ein grüner Punkt, stellen eine auf der Welt einmalige landschaftliche Grafik dar. Das veranlasste das Museum of Modern Art in New York, La Geria zum **Gesamtkunstwerk** zu erklären, mit dem Titel »Architektur ohne Architekten«.

In Lanzarotes kunstvoller Landschaft haben sich natürlich viele **Weinkellereien** etabliert, wo vorwiegend »Malvasía« (trockener/halbtrockener Weißwein), »Moscatel« (schwerer, süffiger Weißwein) und »Listan negro« (süffiger Rotwein) verkostet und verkauft werden.

F6

El Grifo
Zwischen Mozaga und Masdache an der LZ 30

Die Arbeit der Vulkane

Lanzarote hat sich durch den Magmadruck im Erdinneren vor etwa 16 Millionen Jahren aus dem Ozean gehoben. Zuerst wurden die Gebirgsstöcke Los Ajaches im Süden und Risco de Famara im Norden hoch gedrückt. Vor etwa einer Million Jahre bildeten Vulkanausbrüche die Mitte und den Süden der Insel. Vor etwa 5000 Jahren spuckte der Monte Corona im Norden beim heutigen Orzola und schuf Richtung Osten etwa drei Kilometer neues Land. Zwischen 1730 und 1736 bedeckten zirka 100 Vulkane das damals noch fruchtbare Land im Süden. 1824 ereigneten sich die letzten Ausbrüche auf Lanzarote, 1971 brach auf der kanarischen Insel La Palma der Teneguía aus.

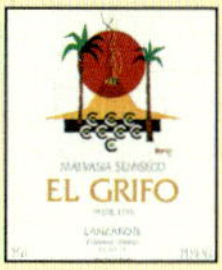

Carretera de Masdache 121
Tägl. 10.30–18 Uhr
230 Jahre Tradition, alle klassischen Lanzarote-Weine im Angebot, auch Sekt. Und auch hier wieder César Manrique: Das Etikett für den El Grifo-Wein stammt von ihm: eine rote Sonne mit Vulkan, eingerahmt von zwei grünen Palmen, dazwischen die stilisierten Lavatrichter mit grünem Punkt. Mit **Wein-Museum** (Eintritt € 4 mit 1 Glas Wein).

Mancha Blanca

Der Wallfahrtsort ist fast mit Tinajo zusammengewachsen und hat eine besondere Attraktion: die berühmte Wallfahrtskirche **Nuestra Señora de los Dolores** mit der »Virgen de los Volcanes«. Diese Madonnenstatue soll am 16. April 1736 den sich von den Montañas del Fuego herabwälzenden, glühenden Lavastrom kurz vor dem Ort gestoppt haben. Ein Holzkreuz außerhalb der Kirche markiert diese Stelle. Auch 1824 soll die Madonna ein ähnliches Wunder vollbracht haben. So wird die Schutzherrin, eigentlich *de los Dolores,* aber wegen der Wunder in *de los Volcanes* umgetauft, zwei Mal mit einer Wallfahrt gefeiert: am 24. Mai und am 15. September.

In der schlichten Kirche steht in einer goldgerahmten Nische der Hochaltarwand, in Samt und Seide gekleidet, die Muttergottes mit schmerzverzerrtem (Schmerzen = *dolores*) Gesicht.

Eine weitere Sehenswürdigkeit ist die **Caldera de Guigua** an der Brücke Richtung Tinajo. Der durch eingesackte Lavamassen entstandene Vulkankessel (*caldera* = Kessel) wurde von La Manchas Bauern mit flachen Terrassen in eine wunderschöne Gemüselandschaft verwandelt.

Nuestra Señora de los Dolores
Außerhalb des Ortes Richtung Tiagua
Tagsüber fast immer geöffnet
Schlichte Kirche mit der wundertätigen **Madonna de los Volcanes.**

Ausflug:

Vulkanbombe bei der Caldera Colorada
Ein erstaunliches Naturwunder liegt oder steht vier Kilometer südlich von Mancha Blanca neben der Straße LZ 56, die zur LZ 30 (Masdache–Uga) führt. Von der LZ 30 nach Norden fährt man 2,4 Kilometer. Östlich liegt dann ein Schotterplatz zum Parken. Von dort aus sind es 15 Minuten bis zur roten Caldera Colorada und den unter ihr liegenden runden Basaltbomben. Der größte Vulkanbrocken ist etwa sieben Meter hoch.

Vulkanbomben entstehen beim Ausbruch eines Vulkans, indem die Schmelze aus Gestein und Mineralien durch den Druck des Magmas hochgeschleudert und in Rotation versetzt werden. Auf dem Weg zur Erde kühlt die Kugel so weit ab, dass sie beim Aufprall ihre Form weitgehend behält. Der leichte Rundmarsch um die Caldera Colorada (100 m) dauert eine gute Stunde. Schautafeln erklären die Umgebung des roten Vulkanberges.

F6

Monumento al Campesino
Ziemlich genau in der Inselmitte, nördlich von San Bartolomé, kurz vor Mozaga steht das 15 Meter hohe Monumento al Campesino. César Manrique hat es den fleißigen Bauern der Insel gewidmet und nannte es »Fecundidad«, was Fruchtbarkeit bedeutet. Das Denkmal hat er aus weiß lackierten Trinkwasserkanistern alter Fischerboote zusammengeschweißt. Mit etwas Fantasie ist ein Bauer mit Dromedar und Esel auszumachen.

Casa Museo del Campesino
Neben dem Monumento al Campesino
Tägl. 10.30–17.15 Uhr, Eintritt frei
Neues, großes Zentrum für Kunsthandwerk, Stickerin und Töpfer sind bei der Arbeit zu beobachten. Ausstellungen mit Kirchenmodellen (Ermitas) und alten Keramikfiguren von Juan Brito (†). Weinverkauf und Souvenirgeschäft.

In einem nach Plänen von César Manrique restaurierten kanarischen Gehöft hat sich das Heimatmuseum Casa Museo del Campesino eingerichtet

El Campesino
Im Komplex neben dem Monumento al Campesino
✆ 928 52 01 36
Restaurant tägl. 13–16 Uhr, Bar tägl. 11–16.30 Uhr

Typisch kanarische Einrichtung mit viel Holz und landwirtschaftlichen Geräten. Eine der besten Küchen, kanarische Kost nach Originalrezepten. €€

Playa de la Madera
Vgl. Tinajo, S. 35 f.

San Bartolomé

F6

Sieben Kilometer von der Hauptstadt Arrecife entfernt liegt der saubere Ort, der zur Stromversorgung über eigene Windräder auf der Montaña Mina verfügt. Am Ortsrand reizt das in einem Landgut aus dem 18. Jahrhundert untergebrachte Völkerkundemuseum **Tanit**, aus derselben Zeit stammt die **Casa Mayor Guerra** an der Südseite der Montaña de la Cruz. Den Reichtum der Stadt zeigen im Zentrum die großzügige **Plaza Léon y Castillo** mit der Iglesia de San Martín und das Rathaus, das an ein Herrenhaus der amerikanischen Südstaaten erinnert. Gegenüber lädt eine Parkanlage zur Rast.

Informationsbüro
Calle Doctór Cerdeña Béthencourt 17 (im Westteil der Stadt), 35550 San Bartolomé
✆ 928 52 23 51, Fax 928 52 23 88

Museo Etnográfico Tanit
Calle Constitución 1, San Bartolomé
www.museotanit.com, Mo–Sa 10–14 Uhr
Eintritt € 6 (auch Kinder ab 12 Jahre)
Im Weinkeller eines alten Weinguts werden landwirtschaftliche Geräte und Einrichtungen aus der Zeit der Guanchen bis zum 20. Jh. gezeigt.

Casa del Mayor Guerra
Calle Serpiente 1 (Landstraße San Bartolomé-Tias, Ortsende, rechts oben). Öffnungszeiten bitte erfragen unter ✆ 928 52 25 93
Sorgfältig renoviertes historisches Herrenhaus. Ständige Ausstellung zur Geschichte der Gemeinde.

Teguise

E7

Die alte Hauptstadt ist einen längeren Besuch wert, ihre Altstadt steht unter Denkmalschutz. Dieser Kern wurde bereits 1418 neben dem ursprünglichen Dorf der Ureinwohner von den spanischen Eroberern gegründet und ist nach Betancuria auf Fuerteventura (1404) die zweitälteste Stadt der Kanaren. Nachdem sie zuerst *Aldea Grande* hieß, großes Dorf, wählte Maciot de Béthencourt, Neffe des Eroberers Jean de Béthencourt, den Namen seiner Frau, der Guanchen-Königstochter *Teguise*. Spanische und portugiesische

Ein Sohn Teguises inspiriert Goethe

Als Sohn einer wohlhabenden Familie erblickte Don José Clavijo y Fayardo am 19. März 1727 das Licht der Welt. Seine Kindheit verbrachte er auf Lanzarote, später studierte er Philosophie, Theologie und Recht in Las Palmas de Gran Canaria. In Madrid widmete sich der Gelehrte der Schriftstellerei und wurde Direktor der königlichen Theater. Bei seinem längeren Aufenthalt in Frankreich lernte er Voltaire, Buffon und Beaumarchais kennen. Mit dessen Schwester Louise Caron begann er eine heiße Liebesaffaire, war aber nicht bereit, sein Eheversprechen einzuhalten. Beaumarchais rächte seine verschmähte Schwester, indem er Clavijo in seinem Buch »Eugénie« zur belächelten, unrühmlichen literarischen Figur machte. Diese Darstellung regte Goethe zu seinem Trauerspiel »Clavigo« an (1774). 1806 starb Don José in Madrid.

Architekten zeigten ihr Können; mit der Benennung zur Villa Real, königlichen Stadt (1455), und zum Sitz des Bischofs wurden besonders viele Kirchen und Adelspaläste gegründet. Piraten plünderten und zerstörten Teguise mehrfach, doch ließ sich die Stadt nicht unterkriegen. Das Gesicht von heute wurde vorwiegend im 17. und 18. Jahrhundert geprägt. Trotz seiner historischen Bedeutung musste Teguise 1852 seine Rolle als Hauptstadt an die durch den Seehandel aufblühende Hafenstadt Arrecife abgeben. Die Lanzaroteños nennen sie aber immer noch »La Villa«.

bC3

Die alte Metropole muss zu Fuß besichtigt werden. Wer mit dem Auto kommt, sollte es am besten in der Nähe der Kirche **San Francisco** abstellen. Vom ursprünglichen Konvent blieb nach dem Raubzug des Piraten Solimán (1618) lediglich die Kirche übrig. Bemer-

Teguise: der Glockenturm der Pfarrkirche Nuestra Señora de Guadalupe im goldenen Abendlicht

kenswert im zweischiffigen Gotteshaus sind die schön geschnitzten Decken im Mudéjar-Stil. Das Retabel im rechten Schiff ist mit naiven Figuren und prallen Früchtearrangements geschmückt, der so genannte Indianische Barock zeigt den Einfluss Süd- und Mittelamerikas auf die vermögenden Rückwanderer.

In der Kirche ist auch das **Museo Sacro** (für längere Zeit in Renovierung) untergebracht. bC3 Die interessante Sammlung zeigt 70 Exponate aus aufgelassenen Kirchen und Klöstern der Stadt und ihrer Umgebung. Besonders beeindruckend sind die volkstümlichen Christusfiguren aus dem 18. und 19. Jahrhundert *(Cristus populares)*. Ein Höhepunkt ist das 20 Zentimeter hohe Renaissance-Kruzifix.

In der Calle Marqués de Herrera y Rojas lohnt ein Aufenthalt im **Palacio del Marquéz de Herrera y Rojas**, 1455 erbaut und nach fast 20-jähriger Restaurierung von einem deutschen Ehepaar der Öffentlichkeit zugänglich gemacht. bC3 Zentrum ist das Restaurant im offenen Patio, wo Mini-Häppchen gereicht werden (s. S. 31). Die Weine aus der erlesenen Weinsammlung haben ihren Preis.

Nebenan steht in der Calle Espiritu Santo das 1995 wieder eröffnete, von den Einheimischen geliebte **Teatro Municipal**. bC3/4 Ein paar Schritte weiter öffnet sich der große **Parque La Mareta** mit einer restaurierten Windmühle. bB3/4 Hier werden häufig Feste veranstaltet.

Südlich des riesigen Platzes kommt man über die Calle La Sangre, nach den grausamen Piratenüberfällen »Blutgasse« genannt, und die Calle San Miguel zur Plaza de la Constitución, die von historischen Gebäuden umgeben ist. Die Pfarrkirche **San Miguel**, neben dem Erzengel auch Nuestra Señora de Guadalupe geweiht, bB/bC3 macht von außen einen unharmonischen Eindruck. Dieser Stilmix ist auf Plünderungen, Umbauten und einen großen Brand (1909) zurückzuführen. So ist auch der neogotische Zuckerbäckerstil im Inneren der dreischiffigen Kirche zu erklären.

Auf der linken Seite der Plaza wurde die Caja de Canarias (Sparkasse) in der **Cilla**, dem ehemaligen Zehnthaus untergebracht (17. Jh.). bC3 Hier wurden früher zehn Prozent der Ernte abgegeben. Während der Schalterstunden der Sparkasse ist eine Besichtigung problemlos möglich (Sommer Mo–Fr 8.30–13.30, Winter 8.30–14 Uhr).

Der Mudéjar-Stil

Bei der Beschreibung von Kirchen werden mehrfach die Holzdecken im Mudéjar-Stil erwähnt. Es sind kunstvolle Kassettendecken, teils aus dunklem Holz, teils bemalt. Der Mudéjar-Stil entstand auf dem spanischen Festland, nachdem christliche Heere die arabisch besetzten Gebiete zurückerobert hatten. Damals legte man Wert darauf, dass die handwerklich geschickten maurischen Handwerker in Spanien blieben. Es handelte sich um die *mudaggan* oder *mudaddjan*, was so viel bedeutet, wie die »zum Bleiben ermächtigten« Moslems.

bB/bC2 Im Scheitelpunkt der Plaza de la Constitución steht der edle **Palacio Spínola**, der bis 1974 bewohnt war, weshalb die Bausubstanz fast unversehrt geblieben ist. Die offizielle Residenz des Präsidenten der Kanarischen Inseln ist auch als Museum für das Publikum geöffnet (vgl. unten).

bD2 Im südwestlichen Teil des historischen Zentrums liegt das ehemalige Dominikanerkloster **Santo Domingo**. In den früheren Konventsräumen befinden sich die Amtsstuben des Rathauses. In der zweischiffigen Kirche mit vier schwarz-roten, runden Lavapfeilern wurde das **Centro de Arte Santo Domingo** eingerichtet, ein Museum für Zeitgenössische Kunst.

Weitere schöne Gebäude, teils mit geschnitzten Türen und Holzbalkonen, sind bei einem Bummel durch die Gassen zu entdecken. Die beste Gelegenheit, um sich dann noch einmal einen Überblick über den wie ein Schachbrett angelegten Grundriss zu verschaffen, bD5/E7 bietet das **Castillo de Santa Bárbara**. Es liegt auf einem Hügel außerhalb im Osten der Stadt zu Füßen der Montaña de Guanapay.

bC2 **Info Turistica**
Neben dem Palacio Spinola, ✆ 928 84 53 98

bC3 **Museo Sacro/San Francisco**
Calle José Betancort/Plaza San Francisco, Teguise
Wegen Renovierung für unbestimmte Zeit geschl.
70 Exponate aus aufgelassenen Klöstern und Kirchen der Stadt und Umgebung. Es wird zurzeit restauriert.

bB/bC2 **Museo Palacio Spínola**
Plaza de la Constitución s/n, Teguise
✆ 928 84 51 81
Mo–Fr 9–15, im Winter bis 16, So 10–14.30 Uhr
Eintritt € 3 (auch Kinder ab 12 Jahre)
Wohnpalast mit zahlreichen Wohnräumen, Speisesälen und historischer Küche. Alles mit originalem Mobiliar, wertvollen Gemälden und inseltypischen Gebrauchsgegenständen wie den steinernen Wasserfiltern ausgestattet.

Lanzaroteños der nächsten Generation auf der Plaza de la Constitución in Teguise

Centro de Arte Santo Domingo
Plaza del Santo Domingo 1, Teguise
Mo–Fr 9–14, So 10–14 Uhr, Eintritt frei
Im ehemaligen Dominikanerkloster wurde in den Konventsräumen das Rathaus untergebracht. Die aufgelassene Kirche mit zwei Portalen aus rotem Sandstein beherbergt das **Museum für Zeitgenössische Kunst**.

bD2

Kirche San Miguel
Plaza de la Constitución s/n, Teguise
Mo–Fr 10–13 Uhr
Besuchermagnet ist in der rechten Kapelle vor dem Chor die **Mondsichel-Madonna**, die verehrte Statue der Jungfrau von Guadalupe mit schwerer Silberkrone.

bB/bC3

Palacio del Marquéz de Herrera y Rojas
Calle Marquéz de Herrera y Rojas 9, Teguise
✆ 928 84 57 73, So–Fr 12–20 Uhr
Historischer Palast, im Patio wird ein Spezialitäten-Teller (16 verschiedene Häppchen, € 13.50) serviert; Weinprobe nur nach Voranmeldung. €€€

bC3

Acatife
Plaza de la Constitución/Calle San Miguel 4
Teguise
✆ 928 84 50 37, Mo geschl., So nur 9–16 Uhr
Edel dekoriert, verglaster Patio, fein gedeckt oder rustikal, man hat die Wahl. Inseltypische Küche, Spezialität: Brasse *(sama)* im Salzteig. Tagsüber auch Tapas. €€–€€€

bC3

Galeria
Calle de la Nueva 8, Teguise
✆ 699 13 57 55, ab 11.30 Uhr, Mo abends geschl.
Bar mit kanarischer Küche, Gerichte je nach Marktangebot, auch Tapas, So mit Jazz; Tische auch auf der Straße. €€

bB2

Bodega Santa Barbara
Calle La Cruz 5, Teguise
✆ 928 59 48 41, So–Fr 11–17 Uhr
Bistro mit Terrasse und Modeladen; Tapas und gemischte Platten. €€

bB3

La Bodeguita Del Medio
Plaza Clavijo y Fajardo 5, Teguise
✆ 928 84 56 80
Verkauf und Verkostung von Inselweinen, Tapas, Kaffe und Kuchen, Tische auch auf dem Platz. €€

bB2

Plaza Clavijo y Fajardo 4
Teguise
Verschachteltes Haus mit mehreren Geschäften: Mode, Kristallwaren, Kunstgalerie, Friseur.

bB2

Der Trockenfeldbau

In der Gegend von Teguise und Mozaga gibt es den **Enarenado artificial**, mit kleinen Laven und Schlacken bedeckte Felder. Lapilli heißen die Wasser speichernden Körner, die über dem Humus liegen. Vor dem Säen muss mit dem *arado romano*, einem kleinen Pflug mit schmaler Schar, die Lapillischicht zur Seite geschoben werden, der Boden wird gelockert und gedüngt, danach die Saat meist per Hand eingebracht. Die porösen Vulkankörner speichern den Nachttau und geben die Feuchtigkeit tagsüber an die Wurzeln ab. Außerdem schützen sie die Erde vor Austrocknung durch Wind und Sonne. Etwa zehn Jahre hält die Schlackenschicht, dann ist sie zu sehr mit Erde vermischt und muss erneuert werden. Der Trockenfeldbau ermöglicht den Anbau von Zwiebeln, Mais, Hülsenfrüchten, Kartoffeln, Tomaten sowie verschiedenen Getreidesorten und Luzerne.

bB3

Sonntagsmarkt
In allen Urlaubsorten Lanzarotes, auch auf dem benachbarten Fuerteventura, wird für den Sonntagsmarkt von Teguise geworben. Scharenweise kommen die Busse; wer mit dem Mietauto anfährt, sollte früh kommen, sonst sind höchstens noch Plätze mit Gebühr (€ 1,50) zu finden. Der Markt breitet sich inzwischen über die ganze Stadt aus. Allmählich wurden afrikanische Waren von einheimischem Kunsthandwerk zurückgedrängt: Schmuck, Stickereien, Keramik, Metallarbeiten, gepunztes Leder, auch landwirtschaftliche Produkte werden feilgeboten.

Organisierte Bustouren: ab Playa Blanca 9 Uhr, ab Puerto del Carmen 9.30 Uhr, ab Costa Teguise 10 Uhr, ab Arrecife 10.30 Uhr, Rückfahrt um 13 Uhr.

Queseria El Faro
Carretera Teguise-Mozaga km 4,2 E7
Preiswerter Ziegenkäse: *queso fresco* (ca. acht Tage alt),

Folkloretänzerinnen auf dem Sonntagsmarkt in Teguise

queso semi-curado oder *semi-seco* (älter als 2 Wochen) und voll ausgereifter *queso curado* (mindestens 2 oder 3 Monate alt).

Das Tal von Los Valles mit Blick auf das Castillo de Santa Bárbara

Ausflug:

Castillo de Santa Bárbara
Etwa 2 km östlich von Teguise
Mo–Fr 10–16, Sa/So bis 10–15 Uhr, im Sommer bis 15 bzw. 14 Uhr, Eintritt € 3 (ab 10 Jahre)
Die heutige Burg wurde ab 1588 vom italienischen Festungsbaumeister Leonardo Torriani errichtet. Sie diente schon immer als ein kleiner Stützpunkt zur Beobachtung der Feinde. Allerdings zerfiel sie im Lauf der Jahrhunderte und bekam nach mehreren Restaurierungsversuchen erst 1989 die ursprüngliche Gestalt. Ein Rundgang lohnt sich, vor allem von der Terrasse der großartige Blick auf Teguise und Umgebung und vom Söller bis hinunter nach Arrecife.

In der Festung ist das **Museo del Emigrante** mit Erinnerungsstücken zu den verschiedenen Auswanderungswellen untergebracht. Man erfährt viel über die Emigrationen nach Vulkanausbrüchen, vorwiegend nach Südamerika und über die Rückwanderung im 19. und 20. Jh., vor allem während des wirtschaftlichen Aufstiegs durch den Tourismus (auch auf Deutsch).

Tiagua

Rund sechs Kilometer nördlich des Monumento al Campesino liegt das Bauerndorf Tiagua, mitten im Treibsandgebiet des **El Jable**. Am Ende des Ortes Richtung Muñique und Sóo sind bereits die Flügel von zwei Gofio-Mühlen zu sehen, Mittelpunkt eines erlebnisrei-

Guanchen-Ringkampf: Lucha Canaria

In den meisten Dörfern Lanzarotes ist ein *terrero* zu finden, die Kampfarena der stämmigen kanarischen Ringkämpfer, wo sie vorwiegend am Wochenende auftreten. Je zwölf Mann gehören zu den beiden Teams, jeder tritt gegen jeden an. Zwei Minuten dauert eine Runde, in der zweiten muss die Entscheidung fallen. Die Kontrahenten stehen einander gegenüber, die linke Hand packt das Hosenbein des Gegners, die rechte hält sich an Schulter oder Rücken fest. Sobald der Schiedsrichter pfeift, geht das Zerren und Heben los, wer außer den Füßen mit anderen Körperteilen den Boden berührt, hat verloren. Die *luchadores* dürfen ziehen, schleudern, heben, zerren und drücken. Verboten sind Schläge und Tritte, auch der Kopf bleibt verschont. Besonders fanatisch sind die Anhänger des Sports bei den Insel-Ausscheidungskämpfen, die auch per TV übertragen werden. Der moderne Wettkampf wurde entschärft, die Guanchen durften Knüppel benutzen, sich mit drei schweren Steinen bewerfen und den Körper mit Fett einreiben, um dem Gegner wenig Halt zu bieten.

Kanarischer Ringkampf: »Lucha Canaria«

chen **Freilichtmuseums**, spannend für die ganze Familie, die sich Zeit lassen sollte.

Museo Agricola El Patio
Calle del Echedey 18, Straße nach Muñique/Sóo
35558 Tiagua
Mo–Fr 10–17.30, Sa 10–14.30 Uhr
Eintritt € 5 (ab 12 Jahre)
Herrenhaus von 1850 mit Ackergeräten, Werkzeug der alten Handwerke, Töpferwaren, Kunsthandwerk und historischen Fotos von Lanzarote. Wege durch bewirtschaftete Felder, vorbei an Zisternenanlagen für das wenige Regenwasser, an ummauerten Weinstöcken etc. Auf dem Hof oder im Stallgelände ein Dromedar, Geflügel, Schafe und Ziegen. In den beiden Mühlen wurde früher Gofio gemahlen, wichtiges Nahrungsmittel der Guanchen und in typischen kanarischen Haushalten auch heute verwendet. In der urigen Bodega gibt es Wein zum Verkosten.

Tinajo

Das lange Straßendorf liegt im Nordwestzipfel des Inselzentrums, etwa elf Kilometer vom Monumento al Campesino entfernt. Besonders hübsch geschmückt ist der **Dorfplatz** mit Palmen, Drachenbäumen, Lorbeer, Indischem Lorbeer, Hibiskus und Aurocarien. Attraktiv ist die am Platz stehende Pfarrkirche **San Roque** (Ende 18. Jh.), beliebt für Hochzeiten, leider aber nur unregelmäßig geöffnet.

Auffallend ist der große **Terrero** am Rande des Ortes, die Ringkampfarena für die *Lucha Canaria*, das traditionelle kanarische Catchen, basierend auf dem Kampfsport der Guanchen (vgl. S. 34). Fast an jedem Wochenende findet der beliebte Wettkampf statt, die Zeiten, wann die *luchadores* auftreten, stehen am Tor der Arena oder man fragt in der nächsten Bar. Auch wer mehr über den **Timanfaya-Nationalpark** wissen möchte, findet hier eine Auskunftsstelle.

Auskunftsbüro des Parque Nacional de Timanfaya (Ministerio de Medio Ambiente)
Calle de la Laguneta 64, 35560 Tinajo
✆ 928 84 02 38, Mo–Fr 8–15 Uhr

San Roque
Am Dorfplatz, Tinajo
Eine der schönsten Kirchen der Insel, zweischiffig mit angebauter Taufkapelle, dort ein steinernes Taufbecken. Hauptschiff mit blau-roter Mudéjar-Decke, an der Hauptaltarwand ein Kruzifix des grancanarischen Künstlers Luján Pérez.

El Tenique
Careterra Arrecife-Tinajo, Tiagua
✆ 928 52 98 56, tägl. 12–24 Uhr, So abends, Mo geschl.

Eine der schönsten Kirchen der Insel: San Roque in Tinajo

Hier treffen sich die Luchadores. Kanarische Küche mit fangfrischem Fisch, Gambas in Knoblauch und Zicklein vom Ofen. €€–€€€

Ausflug:

Islotes de Punta Gaviota
Abenteuerlich wird es im Westen von Tinajo bei der Fahrt zu den Islotes de Punta Gaviota. *Islotes* sind helle Flächen in der schwarzen Lava-Landschaft, die im 18. und 19. Jahrhundert gebildet wurden. Das helle Gestein ist ausgebleichter Vulkanboden aus vorgeschichtlicher Zeit. Er ist bereits mürbe, fruchtbarer Untergrund, im Gegensatz zum *Malpaís*, dem kargen Lava-Land. So hat die endemische Flora die Islotes überwunden: der bizarre Strauch *Moquins Traganum* mit fleischigen, wasserhaltigen Blättern, die Blattlose Wolfsmilch, die fleischige Oleanderblättrige Kleinie und die pralle Filzige Steppenmelde, dazwischen, vor dem ständigen Wind geduckt, eine Geranienart, der rot blühende Malvenblättrige Reiherschnabel.

Zunächst fährt man von Tinajo etwa dreieinhalb Kilometer nach Westen. Am Anfang sind noch mühsam bewirtschaftete kleine Lapilli-Felder zu entdecken, Trockenfeldanbau für Tomaten, Mais und Kürbisse, ein paar Lavamäuerchen für Wein und Feigenbäume. Bei der **Montaña Teneza** (268 m) geht es an der Gabelung asphaltiert rechts ab etwa vier Kilometer zur Playa Teneza mit Ferienhäusern für Einheimische. Die unbefestigte Piste an der Gabelung geradeaus führt nach acht Kilometern zur schwarzen **Playa Las Malvas**, einen Kilometer weiter stiebt die Brandung gegen die ebenfalls schwarze **Playa de la Madera**.

Beide Buchten haben etwas dunklen Sandstrand, jedoch besteht für Schwimmer dort keine Chance. Hier herrscht das elementare Chaos, hier tost das Meer gegen karstige Basaltklippen, hier hat die Kraft des Wassers Grotten und Höhlen aus dem Gestein gemeißelt. Naturfreunde finden ihr Erlebnis, und Angler peitschen die Schnur ihrer langen Ruten in das aufbrausende Meer. Für Badefreunde gibt es trotzdem ein Angebot: Kleine Felsenpools, von den Wogen nur leicht gestreift, haben sich an der Küste im Lavagewirr gebildet.

DER NORDEN

Der nördliche Teil Lanzarotes bietet besonders viel Abwechslung, seien es kontrastreiche Landschaften oder von Menschenhand geschaffene Naturkunstwerke. Dazu gehören in erster Linie die von Manrique begehbar gestalteten Lavahöhlen **Jameos del Agua** und **Cueva de los Verdes**, ebenso der **Mirador del Río**, einer der schönsten, in den Fels integrierten Aussichtspunkte. Von dort oben schweift der Blick über die **Salinas del Río** zum bewohnten Inselchen **La Graciosa** und über die Steilküste des **Risco de Famara** bis zur von hohen Wellen bedrängten **Playa de Famara**. Im Zentrum des Nordostzipfels kontrastieren sattgrüne Kakteen mit dunklem Lapilli-Böden und strahlend weiß gestrichenen Häusern. Mitten drin, im für Lanzarote überraschend fruchtbarem **Tal der 1000 Palmen,** liegt das schöne Dorf **Haría.**

Arrieta

Arrieta

Nördlich von Costa Teguise liegt der kleine Fischerort, bekannt wegen seiner guten Fischrestaurants. Am Kreisverkehr mit Manriques rotem Windspiel (1992) geht es rechts ab. Vor dem Ortskern breitet sich die inzwischen gepflegte **Playa de la Garita** mit sanitären Anlagen und zwei Strandrestaurants aus, durch eine Fußgängerbrücke mit dem Ort verbunden. Am nördlichen Ende zieht die **Casa Juanita,** auch Blaues Haus genannt, die Blicke auf sich. Ein Prinz soll seine Geliebte an diesen abgelegenen Ort verbannt haben. Nach ihrem Tod hatten die Nachbesitzer wenig Glück, keiner hielt es hier lange aus. Nun steht der kostbare Pavillon leer. Rund einen Kilometer nördlich liegt der Fischerort **Punta Mujeres** mit kleinen hellen Sandbuchten; Kinder können hier sorglos planschen.

César Manriques feuerrotes Windspiel am Kreisverkehr bei Arrieta

Im Fischerdörfchen Arrieta: Blick von der Playa de la Garita auf die Casa Juanita, auch »Blaues Haus« genannt

Endemische Flora und Fauna

Fauna und Flora haben sich perfekt an die Bedingungen der Insel angepasst und verfügen über eine hohe Endemik, d.h. einzigartiges Vorkommen nur auf Lanzarote. Das betrifft 17 Prozent der Pflanzen, 60 Prozent der Nistvögel, 40 Prozent der Insekten und 100 Prozent der Reptilien.

Die meisten Chancen zu überleben haben auf der trockenen Insel wasserspeichernde Pflanzen – die Sukkulenten. Dazu gehört auch die glitzernde, rot blühende **Kristall-Mittagsblume** *(Mesembryanthemum crystallinum)*, auch Sodapflanze genannt, die nach dem wenigen Regen aus dem Boden quillt. Auf der Vulkanasche fallen vor allem die runden Büsche der **Balsam-Wolfsmilch** *(Euphorbia balsamifera)* auf. Auch aus der **Kandelaber-Euphorbie** *(Euphorbia canariensis)*, die besonders in kultivierten Gegenden auffällt und wegen ihrer Dornen immer wieder mit einem Kaktus verwechselt wird, quillt Wolfsmilch. Am Rande der Pisten strahlen die gelben Blüten des **Strauch-Dornlattichs** *(Launaea arborescens)*, aus vulkanischen Felsen quellen hellgrüne Rosetten mit pyramidenförmigen gelben Blüten – das endemische Dickblattgewächs *Aeonium lancerottense,* ein Verwandter des **Gewelltblättrigen Aeoniums**.

Zur Tierwelt zuerst die beste Nachricht: Es gibt keine giftigen Schlangen und Skorpione. Jedoch entdeckt man auf Wanderungen Eidechsen, Geckos und Blindschleichen. Unter den Säugetieren finden nur Hase und Igel ausreichend Nahrung. Die Insektenwelt ist mit Grillen, Heuschrecken, Schmetterlingen und Libellen vertreten. 30 Vogelarten haben die Lüfte erobert: Amseln, Blaumeisen, Bussarde, Eulen, Falken, Finken, Möwen, Raben, Spatzen und Wildtauben. Den gelben Kanarienvogel sucht man vergebens, er ist eine Zuchtform. Es gibt jedoch die unscheinbare Wildform, den graubraunen, den Sperlingen ähnlichen Girlitz.

Dickblattgewächs »Aeonium lancerottense« (l.) und der Lanzarote-Hornklee (r.)

El Lago
Calle Los Morros 27, Arrieta, nahe Punta Mujeres
✆ 928 84 81 76, Mo und Di geschl.
Feines Restaurant mit Terrasse, Vulkansteinbecken mit Langusten und Muscheln. Spezialitäten: *Zarzuela* und *Caldo de pescado*. Touristenmenü €€, sonst €€€.

Amanecer
Calle La Garita 46, Arrieta
✆ 928 84 83 90, Do geschl.
Einfaches Familienrestaurant mit Terrasse am Meer, stets frischer Fisch. Spezialitäten: frische Seezungen (Jan./Feb.) und Calamares (Nov./Dez.). €€–€€€

Los Pescaditos
Calle La Garita 58, Arrieta
✆ 928 84 82 66, Di geschl.

Einfaches Restaurant mit Tapas-Bar und Terrasse am Meer. Touristenmenü. €

Zwei Restaurants liegen am Playa de la Garita, das **Chiringo Beach** mit Grill und frischem Fisch sowie die einfachere **Casa de la Playa**. €€

Ausflug:

Valle de Temisa

C8/9

Südlich von Arrieta führt eine Asphaltstraße nach Westen ins Landesinnere. Wer eine abwechslungsreiche, für den Norden typische Tallandschaft erleben möchte, sollte im ersten Ort, in **Tabayesco**, die Hauptstraße verlassen und auf einer staubigen Piste mitten durch das Tal fahren oder wandern. Schwarze Lapilli-Felder ziehen sich die Hänge hoch, auf denen im Trockenfeldbau Mais, Kartoffeln und Linsen wachsen. Hinter Steinmäuerchen suchen Feigenbäume Schutz, kleine Weingärten, kunstvolle Lavamauern und einige Mandelbäume setzen grafische Akzente. Am Wegesrand blühen der blaue Natternkopf, der gelbe Seidenhaarige Goldstern und die hellgrünen Wolfsmilchbüsche der Tabaiba (Balsam-Euphorbie). Nach etwa acht Kilometern geht es wieder hoch zur Asphaltstraße Richtung Haría. Der ausgewaschene Weg eignet sich jedoch nur für Geländewagen.

Cueva de los Verdes

C9

Westlich bzw. landeinwärts von den Jameos del Agua, tägl. 10–19 Uhr, letzte Führung 18 Uhr
Eintritt € 8 (ab 12 Jahre)
In der Nachbarschaft zu den Jameos del Agua (vgl. S. 43) liegt die Cueva de los Verdes in einem sieben Kilometer langen Höhlensystem zwischen dem Vulkan Corona und dem Meer. Etwa ein Kilometer ist begehbar,

Ein imposantes Höhlensystem: die Cueva de los Verdes

die Führung in Gruppen dauert rund 40 Minuten, Erklärungen auf Spanisch und Englisch. Bizarre Felsformationen, gestreifte Lavawände, wild verstreute Vulkanbrocken, übereinander liegende Galerien und von der Decke wie dicke Schokolade herabhängende Lavatropfen erwarten den Besucher. Im Konzertsaal wurden früher vor 300 Zuhörern Musikfeste veranstaltet, am Ende der unterirdischen Tour überrascht die Kathedrale mit beängstigenden Lavafiguren und einer optischen Täuschung, die hier nicht verraten wird.

E9

Guatiza

Nördlich der Costa Teguise führt die Asphaltstraße LZ 1 durch den Ort Guatiza, der inmitten großer Kakteenfelder liegt, die sich bis zum Nachbarort **Mala** hinziehen. Die Opuntien waren früher ein wichtiges Wirtschaftsgut der Insel, an ihren Blättern wurde die Koschenille-Laus gezüchtet, deren Larven den wertvollen Farbstoff Karmin für Lippenstifte, Fruchtsäfte und Liköre liefern (vgl. Kasten S. 41).

Manche Bauern schaben immer noch die Tierchen von den ohrenförmigen Blättern ab, trocknen sie und warten ab, bis die Weltmarktpreise wieder steigen. Augenblicklich ist die Konkurrenz aus Süd- und Mittelamerika noch zu stark.

Jardín de Cactus

Am Ortsende von Guatiza Richtung Mala
Tägl. 10–19, Cafeteria bis 18.30 Uhr
Eintritt € 5, inkl. eines Getränks (ab 12 Jahre)

Wieder ein Werk von César Manrique, der mitten in den Opuntienplantagen einen aufgelassenen Steinbruch in einen botanischen Garten verwandelte. Mehr

Im Jardín de Cactus sind zahlreiche Kakteenarten zu bewundern

Karmin im Saft und an den Lippen

Im nördlichen Teil der Insel, besonders auf der Strecke Guatiza-Mala (vgl. S. 40), fallen Gärten mit Opuntien auf, deren ohrenförmige Blätter oft mit weißen Flecken übersät sind. Die Kakteen wurden im 16. Jahrhundert wegen der schmackhaften Früchte nach Lanzarote gebracht. Als im 19. Jahrhundert der Weinbau durch Mehltau und Reblaus zugrunde ging, brachten Opuntien die Rettung der Wirtschaft. Man erinnerte sich an die in Mexiko übliche Gewinnung von Karmin, dem Saft eines Schädlings. Diesen roten Farbstoff benötigte die wachsende Textilindustrie dringend.

So wurde die Koschenille, eine Schildlaus, auf Lanzarote angesiedelt. Der Vorgang: Das männliche Insekt stirbt nach der Befruchtung; das ermattete, flügellose Weibchen wird, damit es nicht vom Saft naschen kann, in Baumwollsäckchen gepackt und an die fleischigen Opuntienblätter geheftet. Durch das Gewebe hindurch legt die Koschenille ihre Eier auf den stacheligen Blättern ab. Sind die Larven geschlüpft, saugen sie sich mit dem Saft der Pflanze voll, werden abgeschabt und getrocknet. Aus dieser Masse wird dann der Farbstoff Karmin hergestellt, der vor allem seit der wachsenden Sensibilität gegenüber chemischen Zusatzstoffen in Lebensmitteln auch zur Färbung von Säften, Likör und Lippenstiften verwendet wird. Die Begriffe Karmesin oder Karmesinrot bezeichnen einen leicht bläulichen Rotfarbton. Übrigens: Die weißen Flecken, die an der Opuntie zurückbleiben, sind die Häute der Larven.

als 10 000 Pflanzen 1 400 verschiedener Spezies gedeihen auf vulkanischem Lapilli. Über dem Kaktusgarten bewegt eine restaurierte Gofio-Mühle ihre Flügel. Zum Garten gehören auch ein Restaurant mit Bar und ein Buchladen.

Don Quijote D9
Calle el Rostro 1, Mala, ✆ 928 52 93 01
Terrassen-Restaurant mit kanarisch-spanisch-mediterraner Küche. €€

Guinate

B8

Auf dem Weg vom Mirador del Río Richtung Haría geht es vorbei an kleinen Kartoffelfeldern, auch etwas Mais und Wein wird angebaut, viele Bauernhäuser sind verlassen – Landwirtschaft wird nur noch als Freizeitbeschäftigung betrieben. Gegenüber vom fast kreisrunden Vulkan **Montaña Corona** (609 m) zweigt im Flecken Guinate ein Sträßchen westwärts zum **Tropical Park** ab, einem Ausflugsziel für die ganze Familie. Der Weg zur Küste endet am **Mirador de Guinate** mit hinreißendem Blick über den steilen Risco de Famara und zur Insel La Graciosa. Ein Ziegenpfad führt mühselig abwärts zum verlockenden Sandstrand von La Bahía.

Tropical Park
Am nördlichen Rand von Giunate
✆ 928 83 55 00, tägl. 10–17 Uhr
Eintritt € 14, Kinder 4–13 Jahre € 6

Gärten mit Bächen, Wasserfällen und Lagunen bilden die Heimat für tropische Pflanzen und Tiere: viele Papageien, Tukane, Kanarienvögel, Sittiche und Zebrafinken, aber auch Erdmännchen und Humboldt-Pinguine.

C8

Haría

Mitten im Nordostzipfel der Insel liegt das durch Manriques Wirken in seiner Architektur inseltypisch gebliebene Dorf: weiße kubische Häuser mit Fensterläden und Türen in den Farben der Insel, Grün für die Pflanzenwelt, Braun für die Vulkane, Blau wie der Himmel und das Meer. Mitten im Ort reizt die schattige **Plaza León y Castillo** zu einer Rast. Neben der Kirche wurde 2008 das **Museo Sacro** (zurzeit nur Sa 9–14 Uhr geöffnet) mit wertvollen Kirchenschätzen eröffnet.

Ein reizvolles Fotomotiv bietet die mit Bougainvilleen geschmückte **Plaza de la Constitución**. Im Friedhof befindet sich das schlichte **Grab des Künstlers Manrique**, es soll eines Tages in den Garten seines letzten Wohnsitzes am südwestlichen Dorfende verlegt werden – sobald dort das geplante Kulturzentrum entstanden ist.

Im **Tal der 1000 Palmen** stehen stolze Kanarische Dattelpalmen, deren Früchte allerdings nicht reif werden. Auf Lapilli-Feldern werden Kartoffeln, Kohl und Linsen angebaut; Wanderwege erschließen die für Lanzarote überraschend grünen Wunder. Einen Höhepunkt bei diesen Spaziergängen bietet der **Barranco de Fenesía** westlich von Haría, hier stehen die schlanken Bäume am dichtesten, und man möchte fast glauben – was manche Einwohner behaupten –, dass es rund um den Ort sogar 3000 Palmen gibt.

Artesania Haría, Taller Municipal de Artesania
Hinter der Plaza de la Constitución, Haría
Im Sommer Mo–Fr 10–13.30 und 16–19, Sa 10–13, im Winter Mo–Fr 10–13.30 und 15–18, Sa 10–13 Uhr
Verkauf von Kunsthandwerk: Leder, fantasievoller Schmuck, Keramik, Stickerei. Stickerin bei der Arbeit.

Dos Hermanos
Plaza León y Castillo s/n
✆ 928 83 54 09
Tägl. geöffnet
Kanarische Küche, auch Zicklein. €€

El Cortijo
Am südlichen Ende von Haría
✆ 928 83 50 06, tägl. durchgehend geöffnet
Beliebtes Ausflugslokal mit rustikal eingerichteten Räumen, auch Tische im Freien, kanarische Gerichte. Spezialität: Jungstierkotelett, Spanferkel, Milchlamm. €€

Im Tal der 1000 Palmen: Haría

Ausflug:

El Bosquecillo und Ermita de las Nieves
Südlich von Haría an der LZ 10 liegt der **Mirador Los Helechos** (Restaurant) mit Blick auf das Palmental. Bald darauf wird rechts eine Radarstation der spanischen Luftwaffe sichtbar. An der rechts vorbei eine Piste zu Lanzarotes einzigem Wäldchen führt, dem **Bosquecillo**. Vor allem am Wochenende ist hier viel los, die Einheimischen versammeln sich zum Picknick und genießen den Blick auf Steilfelsen und Meer. Kanarische Kiefern, Lanzarote-Akazien, Gänsedistel, Natternkopf, Wucherblumen, Wilder Fenchel sowie Tabaiba können an dieser Stelle gedeihen, begünstigt durch das Mikroklima, das die Feuchtigkeit der südwärts ziehenden Passatwolken erzeugt.

Ein zweiter Weg links von der Radarstation führt zur **Ermita de las Nieves**, einer schlichten, einschiffigen Kapelle. Sie steht auf einem Plateau, von dessen Rand sich ein einmaliger Blick bietet: die Steilküste und Teile von La Graciosa im Nordwesten, El Jable, das glimmernde Sandgebiet im Westen, im Südwesten ist Teguise mit seinem Castillo, weiter südlich Arrecife auszumachen, im Osten schließlich die Küste von Arrieta.

Jameos del Agua

Im äußersten Nordosten der Insel, in Nachbarschaft zu den Cuevas de los Verdes, liegen die berühmten Jame-

César Manriques Krebs-Skulptur für die Jameos del Agua

os del Agua, Teil eines sieben Kilometer langen Grottensystems. Man erreicht die Sehenswürdigkeit nördlich von Costa Teguise über die LZ 1, an der zweiten Kreuzung bei Arrieta nach Nordosten, also nach rechts abbiegen, es ist gut gekennzeichnet.

Das Natur-Architektur-Kunstwerk bietet nicht nur vulkanische Erlebnisse, hier kann man auch Konzerte und Folklore-Shows genießen sowie tanzen und schmausen. Im Mittelpunkt befindet sich die **Jameo** (altkanarisch für nach oben offener Einbruch) mit Bar, Restaurant und Tanzfläche. Eine Stufe tiefer ist ein kleiner **Salzwasser-See** zu bewundern, in dem blinde **Albinokrebse** *(Munidopsis polymorpha)* leben, die durch ein Seebeben von den Tiefen des Meeres hochgeschleudert wurden.

Im Museum **Casa de los Vulcanes** mit seismografischer Messstation und Konferenzraum werden die Besucher über Vulkanologie und Lanzarotes Pflanzenwelt, vor allem Sukkulenten, informiert. Im unterirdischen **Auditorium** werden regelmäßig Konzerte, Klassik und Pop aufgeführt.

Jameos del Agua: ein sieben Kilometer langes Grottensystem

Jameos del Agua C9
Nordöstlich von Arrieta
✆ 928 84 80 24 (Auskunft und Platzreservierung)
Bar und Cafeteria 10–19 Uhr, Restaurant Di, Fr/Sa 19.30–2 Uhr, Eintritt € 8, nachts € 9 (ab 12 Jahre)
Mit Folklore, Abendkleidung erwünscht. €€€

Die windige Playa de Famara zu Füßen des Las Peñas del Chache

Ausflug:

Quesera de Bravo

50 Meter oberhalb der Kreuzung Jameos del Agua Richtung Cueva de los Verdes zweigt ein Trampelpfad nach links (südwärts) durch das Malpaís von der Straße ab. Er endet nach etwa 100 m auf einem Lavahügel bei der Quesera de Bravo, einer altkanarischen Kultstätte. Wissenschaftler streiten über die Bedeutung: Eine Reihe mit Vertiefungen deutet auf Mörser hin, zum Stampfen von Korn oder der Tabaiba, dem Wolfsmilchgewächs, dessen Saft für Heilzwecke und zum Fischfang genutzt wurde. Einleuchtend ist die Ansicht, es sei ein **Opferaltar der Guanchen** gewesen, die den Göttern Tierblut oder Milch opferten, damit endlich Regen falle. Der irreführende Begriff Quesera ist abgeleitet von einem ähnlichen Ablaufsystem für Molke bei der Käseproduktion. Frei zugänglich.

La Caleta de Famara

Rund acht Kilometer nördlich von Teguise endet die Straße an der windigen **Playa de Famara**. Eine alte Windmühle markiert den Strand, rechts oben liegt die renovierte **Urbanización de Famara**. Der Strand eignet sich eher zum Sonnenbaden, durch starke Wellen und Unterströmungen ist das Baden meistens zu gefährlich. Windsurfer jedoch schätzen diese Ecke Lanzarotes. Am Ende der Bucht, im Westen, liegt das Fischerdorf **La Caleta de Famara**, durch Treibsand mit etwas Westernstimmung versehen, doch die Fischrestaurants lohnen einen Besuch.

Casa de Ramón
Im Ortskern, La Caleta de Famara
✆ 650 42 37 04, Di Ruhetag

Einfache, aber gute Küche. Den ganzen Tag werden warme Gerichte zubereitet, darunter nicht selten frischer Fisch. €€

L/M 11/12

La Graciosa

Das zauberhafte Inselchen im Norden ist von Orzola aus erreichbar. Das Boot landet im stimmungsvollen Hauptort **Caleta del Sebo**. Hier gibt es gute Restaurants und einen Mini-Supermarkt, Verleihstationen für Mountainbikes und Anbieter von Jeep-Touren. Naturfreunde suchen auf der asphaltfreien Insel die vielen landschaftlichen Attraktionen auf: Buchten, Strände, Steilküsten und Klippen.

Die schönsten Playas (im Uhrzeigersinn, südwestlich Caleta del Sebo beginnend):

Blick vom Mirador del Río auf die kleine bezaubernde Insel La Graciosa

Molino und Molina

Auf dem Weg durch Lanzarotes Dörfer sieht man immer wieder Getreidemühlen, zum Teil sorgfältig restauriert. Die maskuline Bezeichnung *Molino* gilt für die kegelförmigen Gebäude, an deren drehbarem Turm die Windflügel angebracht sind. Darunter gibt es einen Raum für das vertikale Zahnrad, das die durch den Wind erzeugte Energie auf die Mühlsteine überträgt, auf die über einen Trichter das Getreide geschüttet wird. Im ersten Stock fällt das Mehl in Säcke, das Erdgeschoss ist Lagerraum für Getreide und Mahlgut. Weil starke Männer die Säcke bis nach oben schleppen müssen, erhielt dieser Typ die männliche Form *Molino*.

Das weibliche Gegenstück, die *Molina*, ist etwas bequemer. In einem ebenerdigen Raum befinden sich Mühlstein und Mehlauffang. Auf dem Dach des Mahlraums steht ein sechs Meter hoher Holzturm mit dem Windrad. Ohne viel mechanische Übertragung werden die Mahlsteine in Bewegung gebracht. Mit wenig Kraftaufwendung kann die treppenlose Konstruktion auch von Frauen bedient werden, deshalb das weibliche *Molina*.

M11 **Bahía del Salado** – hinter der Punta Corrales, bei Sonnenanbetern sehr beliebt, bei Ebbe findet man in den Vertiefungen der aus dem Wasser tretenden Felsplatten Schnecken, Muscheln, Krebse und oft auch kleine Fische.

M11 **Playa Francesca** – großer Strand, zum Baden gut geeignet.

M11 **Playa de la Cocina** – hinter hohen Dünen erreichbar, von mehrfarbigen Felsen und der (gelben) Montaña Amarilla eingerahmt, ein Platz für FKKler.

L11 **Playa de las Conchas** – im Norden der Insel, wunderschöner weißer Sandstrand aus zermahlenen Muscheln *(conchas)*. Badende sollten bei starkem Wind auf die Atlantikwellen achten. Von hier aus sind die unbewohnten Nachbarinseln zu sehen.

L11 **Los Caletones** – am nördlichen Kap, der Punta Gorda, ein Fjord im schwarzen Basaltfelsen mit Basaltbrücke, ein zischendes, sprühendes Schauspiel aus Wellen und Fels.

L12 **Caleta de Pedro Barba** – der Strand gehört zum inzwischen zu einem Feriendorf umgewandelten früheren Fischerort Pedro Barba.

M12

Casa Chano
Am westlichen Ende von Caleta del Sebo, La Graciosa, ✆ 928 84 20 68
Kleines Restaurant in andalusischem Stil, gute kanarische Küche. €€

El Marinero
Calle García Escamez 11, Caleta del Sebo
La Graciosa
✆ 928 84 21 69, Mo geschl.
Einfache Kneipe, vorwiegend Fischgerichte. €€

Überfahrt von Lanzarote
Angaben vgl. Orzola, S. 51.

D5

La Santa

Sportlich geprägte Urlauber wissen das einmalige Sportzentrum an der Nordküste der Insel zu schätzen. Nicht nur aktive Touristen, sondern auch Profis trainieren im Club. Kaum eine Sportart, die es nicht gibt und für die nicht Kurse angeboten werden: Volley-, Basket-, Hand- und Fußball, Badminton, Squash und Tennis (zehn Plätze). Alle olympischen Leichtathletik-Disziplinen außer Hammerwerfen können im Stadion geübt werden, für Schwimmer steht ein Olympia-Schwimmbecken zur Verfügung. Für Taucher und Windsurfer wurde eine zwei Kilometer lange Lagune angelegt, Kinder finden eine Pool-Landschaft vor, täglich gibt es Aerobic-Übungen, Minigolf ist vorhanden, Mountainbikes können gemietet werden, ebenso Autos. Auch Fitness- und Gewichttraining sowie Gesundheitschecks sind möglich.

Eiskraut am Mirador del Río

Club La Santa
Urbanización La Santa, 8 km nördlich von Tinajo
© 928 59 99 99, Fax 928 59 99 90
www.clublasanta.de
Zentrum für alle Sportarten (vgl. oben), 400 komfortable Apartments, mehrere Restaurants, Pizzeria, Strandclub und Diskothek, Shoppingcenter.

Los Valles

Das hübsche, gepflegte Dorf inmitten fruchtbarer Terrassenfelder liegt zwischen Haría und Teguise an der LZ 10. Südlich des Ortes lohnt der imposante **Parque Eólico** einen Stopp. Etwa 60 Windräder rauschen inmitten einer wunderschön mit einheimischen Pflanzen geschmückten Anlage. Der gewonnene Strom wird über ein 20 000-Volt-Kabel unterirdisch zur 16 Kilometer entfernten Meerwasser-Entsalzungsanlage an der Ostküste geleitet. Nach schweren Schäden durch Sturm und Korrosion (2004) wurde die Kapazität inzwischen um 46 Prozent erweitert.

Oberhalb von Los Valles, vorbei an Kartoffel-Terrassen und gigantischen Agavenblüten bietet der **Mirador de los Valles** einen interessanten Rundblick und die Möglichkeit zur Einkehr.

Mirador del Valle
An der LZ 10, km 13, oberhalb von Los Valles
© 928 52 80 13
Restaurant in einem 100 Jahre alten Bauernhaus und seinen Anbauten, mit Panoramaterrasse und kanarischen Spezialitäten (Kaninchen, Lamm, Fisch). €€

Mala

Vgl. Guatiza, S. 40 f.

Mirador del Río

Vogel und Fisch stellt Manriques Skulptur für den Aussichtspunkt Mirador del Río dar

Im Norden der Insel, dort wo die LZ 1 und die LZ 10 aufeinander treffen, hat César Manrique in 475 Metern Höhe einen der schönsten Aussichtspunkte in den Berg **Batería Grande** gemeißelt. Vom Hauptraum mit Panoramafenster fällt der Blick auf die grazile Insel La Graciosa mit ihren trichterförmigen Vulkanen. Noch breiter ist die Aussicht vom Dach aus oder von der Terrasse vor dem Fenster.

Unterhalb des Meisterwerks von Natur und Mensch zieht sich der 15 Kilometer breite **Risco de Famara** entlang, ein steiler Bergrücken mit endemischen, also vorwiegend nur hier gedeihenden Pflanzen. An der Küste sind die stillgelegten **Salinas del Río**, durch winzige Krustentiere rosa gefärbte Salzwasserbecken, auszumachen.

Vom Mirador del Río hat man aus 475 Metern Höhe einen wunderschönen Ausblick auf die Insel La Graciosa

Mirador del Río
Im äußersten Norden, Treffpunkt der L1 und LZ 10
Tägl. 10–17.45 Uhr
Eintritt € 4,50, Kinder 4–12 Jahre € 2,25

Cafeteria Mirador del Río
✆ 928 52 65 48
Bartheke mit Snacks und Getränken, mehrere Tische und Kaminecke.

Orzola

Von Arrieta führt die Küstenstraße nordwärts durch das bizarre, wilde **Malpaís de la Corona**, durch Lavagüsse geschaffenes »schlechtes Land« *(malpaís)*. Der schwarze Strom hat am Meer kleine Buchten freigelassen, teilweise mit weißem Sand gefüllt, leicht von der Straße aus zu Fuß zu erreichen. Wer sein Lager zu nahe am Wasser einrichtet, sollte auf die Gezeiten achten.

Auf der Weiterfahrt wird eine Düne durchquert, die manchmal den Asphalt unter sich begräbt. Dann ist das Hafenstädtchen Orzola erreicht, ein begehrtes Ziel für Liebhaber frischer Fisch- und Muschelgerichte. Am Hafen, Startplatz zur Insel La Graciosa, hängen Fische an Leinen zum Trocknen.

Punta Fariones
Calle La Quemadita 10, Hafennähe, Orzola
✆ 928 84 25 58, tägl. 11–21 Uhr
Kenner schwärmen von der Qualität des Restaurants: große Portionen frischen Fisches und Meeresfrüchte, Spezialität: Napfschnecken. €€

Bahía de Orzola
Calle La Quemadita 3/Ecke Hafenpromenade
Orzola, ✆ 928 84 25 75
Freundliches Fischlokal, stets frische Ware. €

Fähre nach La Graciosa
Lineas Marítimas Romero, Calle García Escamez
Orzola ✆ 928 84 20 55
Abfahrt tägl. 10, 12, 13.30, 17 und 18.30 Uhr, zurück von La Graciosa um 8, 11 und 16 Uhr, im Sommer zusätzliche Fahrten, Fahrzeit etwa 30 Minuten.

Playa de la Cantería
Nordwestlich von Orzola, zu Fuß erreichbar, einige sandige Abschnitte zwischen steilen Lavafelsen, bei Bodysurfern beliebt.

Ausflug:

Las Pardelas
Carretera Orzola–Yé, km 1
✆ 928 84 25 45, tägl. 10–18 Uhr
Eintritt € 3, Kinder von 3 bis 12 Jahre € 2,40
Freizeitpark an der Straße nach Los Molinas. Inmitten der bizarren Vulkanlandschaft wurde die Flora der Insel zum Gedeihen gebracht, allerdings könnte die Pflege der Anlage besser sein. Es gibt eine traditionelle Töpferei, einen Picknick- und einen Kinderspielplatz, Eselreiten und ein preisgünstiges Tapas-Restaurant.

Punta Mujeres
Vgl. Arrieta, S. 37.

Tabayesco
Vgl. Ausflug von Arrieta, S. 39.

Valle de Temisa
Vgl. Ausflug von Arrieta, S. 39.

DER SÜDEN

Lanzarotes Süden ist das Hauptgebiet für Strandurlauber. Die Wahl hat man zwischen dem turbulenten **Puerto del Carmen** und dem am Ende der Insel baulich aus den Fugen geratenen **Playa Blanca**. Wer anderes sucht, der geht zum schwarzen Sandstrand der **Playa Quemada** oder zu den weißsandigen **Playas de Papagayo,** die aber längst kein Geheimtipp mehr sind.
Ausflüge führen in das hübsche Städtchen **Yaiza** mit dem benachbarten Kamel-Standort **Uga,** zu den **Salinen von Janubio,** zur gischtenden Lavaküste von

Los Hervideros und zum Vulkankrater **El Golfo** mit dem grünen **Charco de los Clicos.** Höhepunkt aber ist ein Besuch des **Parque Nacional de Timanfaya**, des Zentrums der vielen Vulkanausbrüche, heute gefahrlos mit dem Sightseeing-Bus zu erleben.

El Golfo

Vom Süden kommend führt die Straße durch unwirtliches Malpaís, in dessen zerfurchtem, schwarzbraunem Antlitz höchstens ein paar Sukkulenten und etliche Flecken Algen Abwechslung bieten. Dann geht es steil abwärts zur Küste und die Straße endet an einem großen Parkplatz. Ein Stück Fußweg noch, dann liegt der Vulkankrater **El Golfo** mit dem grünen **Charco de los Clicos** (*charco* = Tümpel, Pfütze), wegen seiner grünen Farbe auch *Lago Verde* genannt, unten am Meer. Ein langer schwarzer Kiesstrand trennt Lagune und Ozean. An der Stelle des Kiesstreifens stand ursprünglich eine steile Wand. Durch einen untermeerischen Vulkanausbruch im Pleistozän hatte sich ein Krater gebildet, dessen halbkreisförmige Caldera-Wand bergwärts übrig geblieben ist. Das Gestein zur Seeseite musste sich der Kraft der Wellen beugen. Der entstandene Halbkrater füllte sich mit Wasser, Algen geben ihm seine smaragdene Farbe. Wer das Naturwunder näher betrachten will, findet einen Trampelpfad abwärts.

Fährt man die Straße zurück und umrundet den Berg aus Lava, Basalt und Tuff, erreicht man den kleinen Fischerort **Casas El Golfo**. Auch von dort aus führt ein Fußweg zum grünen See. Auf dem Weg in den Ort reiht sich ein Fischrestaurant an das nächste. Schlemmer kommen von der ganzen Insel, um hier frischen Fisch und Meeresfrüchte – und den atemberaubenden Sonnenuntergang – zu genießen.

Am schwarzen Strand von El Golfo

Bogavante (früher Placido)
Avenida Marítima 27, Casas El Golfo
✆ 928 17 35 05, tägl. 11–21 Uhr
Restaurant mit Terrasse am Meer. Frischen Fisch kann man aus dem Kühlschrank wählen, auch Fleischgerichte. €€€

El Golfo
Am östlichen Ortsausgang von Casas El Golfo
✆ 928 17 31 47
Großes Terrassen-Restaurant, freundlicher Service. Fisch- und Fleischgerichte, Paella, typische Arrozes. €€€

Costa Azul El Golfo
Avda. Marítima del Golfo 48
Cases El Golfo
✆ 928 17 31 99
Tägl. ab 11 Uhr durchgehend, Juni geschl.
Frischer Fisch, köstliche Meeresfrüchte. €€€

Femés

Das kleine Bergdorf in 361 Metern Höhe hat eine interessante Geschichte. 1402 siedelten Jean de Béthencourt und seine normannischen Krieger mit Erlaubnis des Guanchenkönigs Guardafía in der Ebene El Rubicón nördlich der Papagayo-Strände beim heutigen Playa Blanca. Sie bauten den heute nicht mehr existierenden Ort El Rubicón mit Wehrturm und der ersten Kapelle der Kanaren, die 1404 zur Kathedrale erhoben wurde. Sie war San Marcial, dem ersten Bischof und Schutzpatron Lanzarotes und besonders der Fischer, geweiht. Durch mehrere Piratenüberfälle im 16. Jahrhundert wurden Ort und Kirche zerstört (vgl. auch S. 55 unter Los Ajaches). Die Lanzaroteños wählten in der Höhe einen sichereren Ort, 1733 wurde die **Ermita de San Marcial** geweiht, rundum wuchs der Ort Femés heran. Er wird auch der »Balkon des Rubicón« genannt, der Blick schweift über die Rubicón-Ebene, über das Bergmassiv Los Ajaches und über Playa Blanca bis hinüber nach Fuerteventura.

San Marcial de Rubicón
Ortsmitte von Femés, unregelmäßig geöffnet
Wallfahrtskirche mit zwei Portalen aus rotem Vulkanstein, Hochaltarwand mit der Statue des San Marcial, an den Wänden Bootsmodelle, Votivgaben der aus Seenot geretteten Fischer. Am 7. Juli wird zu Ehren des Heiligen ein mehrere Tage dauerndes Fest mit Prozession, Buden und Folklore abgehalten.

Casa Emiliano
Femés Nr. 34, Femés
✆ 928 83 02 23, Mo geschl.

Abendstimmung in den Salinas de Janubio

Hübsches, gemütliches Restaurant mit Terrasse. Kanarische und internationale Küche, große Portionen. Kaninchen, Zicklein und Lamm, auch Steak. €€–€€€

Bar Ristorante Femes
am Ortseingang, Femes
Einfache Kneipe, kleine kanarische Gerichte, auch belegte Brötchen. €

Quesería Rubicón
Plaza San Marcial 3, Femes
✆ 649 91 12 89, tägl. geöffnet, wenn geschl. klingeln
Preiswerter Käse, eigener Wein, Kartoffeln und Eier.

Las Salinas de Janubio

Vom Osten über Yaiza, von Süden ab Playa Blanca (7 km) erreichbar liegen die Salinas de Janubio, eine

Das Salz von Lanzarote

Die Gewinnung von Salz aus Meerwasser war für Lanzarote lange Zeit ein wichtiger Wirtschaftszweig. Die Saline von El Río (Risco de Famara) soll bereits in der Antike bestanden haben. Zu Beginn des 19. Jahrhunderts sollen hier pro Jahr mehr als 500 000 Kilo Salz produziert worden sein. Im gleichen Jahrhundert lohnte sich dann der Aufbau der Salinen von Arrecife oberhalb des Puerto de Naos – die Inselhauptstadt entwickelte sich zum Exporthafen für Salz nach Afrika.

Die Salinen von Janubio im Süden der Insel wurden 1920 gebaut, 100 000 Tonnen des Minerals jährlich gewonnen. Das zur Konservierung von Lebensmitteln unentbehrliche »weiße Gold« verlor nach 1945 mit der Entwicklung neuer Kühlsysteme an Bedeutung, Janubio stellte nach 1960 seine Produktion ein. Inzwischen werden wieder kleinere Mengen gewonnen und verkauft (s. S. 55). Das Meerwasser wird mit elektrischen Pumpen – früher lieferten Windmühlen die Energie für den Transport – in große Sammelbecken befördert, dort bleibt es einige Wochen zur Verdunstung durch die Kraft der Sonne. Nach der Umleitung in kleinere Becken verstärkt sich die Verdampfung des Wassers, es bildet sich eine dicke Salzlake, erst jetzt werden die eigentlichen Salinen gefüllt. Ist auch das restliche Wasser verdunstet, wird das weiße Mineral gehäufelt und getrocknet.

rund zwei Quadratkilometer große Salinenlandschaft mit verfallenen Windmühlen. Die Restaurierung und Produktion hat bereits begonnen, beabsichtigt ist, hier ein Industriedenkmal zu schaffen.

H2

Südlich der Salinen wird auf die **Playa del Janubio** hingewiesen, eine schwarze Schönheit mit Lavafelsen und dunklem Sand, wegen der stürmischen Wellen mehr mit dem Auge zu genießen. Der durch die Gischt an der Südwestküste sichtbare helle Betonklotz ist die Meerwasser-Entsalzungsanlage für Playa Blanca.

Almacén de la Sal de Las Salinas
Calle El Golfo s/n, bei den Salinen
www.salinasdejanubio.com, Mo–Fr 7–15 Uhr, Verkauf auch im Restaurant El Mirador über den Salinen
Biologisch hochwertiges Janubio-Salz (1 kg € 1).

Los Ajaches

J/K3

Das Bergmassiv zieht sich vom Pico Naos (415 m), vorbei an Femés bis zum historischen, aber verschwundenen San Marcial del Rubicón und endet sanft an den Playas de Papagayo. In der Ebene durfte 1402 der Normanne Jean de Béthencourt mit Erlaubnis des Guanchenkönigs, der die Absichten des Eroberers nicht erkannte, eine Verteidigungsanlage gegen die Piraten und eine Kapelle bauen. Zwei Jahre später, 1404, wurde die Siedlung mit Kastell und Kapelle zum Bischofssitz erklärt. Im 16. Jahrhundert wurde die Siedlung von Piraten zerstört, die Kapelle 1630 entweiht (vgl. auch S. 53 unter Femés). Oberhalb der Playas de Papagayo sind im **Barranco de los Pozos** noch die Ruinen eines Wehrturms und einige Brunnen *(pozos)* zu finden. Ein Holzkreuz markiert die Stelle, an der die Kapelle gestanden haben soll.

K3

Los Hervideros

Diesen Hexenkessel erreicht man auf der Fahrt von den Salinas del Janubio zum El Golfo direkt von der Straße

Los Hervideros heißen diese zerklüfteten Lavafelsen

aus. In der zerklüfteten Lavaküste haben sich Grotten, Höhlen und Schluchten gebildet, die heranbrausenden Wellen des Atlantiks brechen sich am Fels, rauschen durch die Gänge und schießen mit wilden Fontänen aus den nach oben offenen Grotten. Vor allem im Winter bieten **Los Hervideros** (»die Brodelnden«) ein unvergessliches Naturschauspiel. Wer die wilde Szene hautnah erleben will, findet einen Weg über natürliche Lavabrücken, darf aber nicht wasserscheu sein.

G2

Eingang zum Timanfaya-Nationalpark

Parque Nacional de Timanfaya

Die Welt der Vulkane ist von Yaiza im Süden aus erreichbar oder vom Norden über Tiagua-Mancha Blanca. Um diese Wunderwelt zu begreifen, sollte man zuerst das **Centro Visitantes Mancha Blanca** besuchen. Es liegt zwischen der Einfahrt zum Nationalpark und Mancha Blanca. Das Äußere des Besucherzentrums beweist, wie sorgfältig ein modernes Gebäude in die herbe Landschaft integriert werden kann – der größte Teil verschwindet unter der Lavaoberfläche. Die Besucher werden in Bild und Wort sowie per Audiovision in die Entstehung Lanzarotes und der Vulkane eingeführt. Einen »Ausbruch« kann man im Eruptionsraum erleben. Am Info-Schalter werden auch die Termine für kostenlose Wanderungen durch das Schlackenmeer und Pyroklastenfelder (griech.: zerbrochen) bekannt gegeben.

E/F 2/3

Auf der Fahrt zum **Parque Nacional**, 1974 gegründet, durchquert man ein Gebiet, das 1730–36 und 1824 durch Vulkanausbrüche unter glühender Lava erstickt wurde. Unter den Dörfern, die zugeschüttet wurden, war auch Timanfaya, das dem höchsten Feuerberg (510 m) seinen Namen gegeben hat. Rund 100 Vulkane spieen aus 300 Kratern glühende Lava, Asche und Staub. 174 Quadratkilometer ist die Mondlandschaft der **Montañas del Fuego**, der Feuerberge, groß.

Der Park darf nur per Bus besichtigt werden, 45 Minuten dauert die von sphärischen Klängen untermalte Tour. Ein Erlebnis, das nicht nur einmal Gänsehaut erzeugt. Im **Valle de la Tranquilidad**, dem »Tal der Stille«, beispielsweise erstickt jeder Laut – der Mensch verloren im grauen Tal, Grauen erregend. Der Bus fährt an speziellen Bildungen der Ausbrüche vorbei, an *Calderas*, den schüsselartigen Einbrüchen, an *Hornitos*, den durch schnelle Erkaltung der Lava entstandenen Öfchen, an Seil-, Gekröse- und Fladenlaven, wissenschaftlich mit dem hawaiisch-polynesischen Wort *Pahoehoe*-Lava bezeichnet. Rot leuchtet die **Montaña Rajada** (374 m) im Südwesten, dem besten Aussichtspunkt im Park.

Die Fahrt durch die Feuerberge endet auf dem **Islote del Hilario**, benannt nach einem Einsiedler. An dieser Stelle hat César Manrique das Restaurant »El Dia-

blo« in die dunkle Landschaft eingebettet, dazu noch über einem aktiven Vulkanschlot, der ausreichend Hitze zum Grillen von Hähnchen bietet. Unterhalb des Gebäudes wird die Kraft des vulkanischen Atems demonstriert: Ein Parkwächter wirft mit einer Heugabel einen trockenen Dornlattichbusch in eine Mulde, die Pflanze lodert in Sekundenschnelle auf; ein anderer gießt in ein in den Boden gerammtes Rohr einen Eimer Wasser und rennt zur Seite, dann zischt und spuckt eine Wassersäule gen Himmel, abgekühlte Kondenströpfchen erfrischen die Gesichter der baffen Zuschauer.

Im Nationalpark Timanfaya kommt man sich wie auf einen anderen Planeten versetzt vor

Centro Visitantes Mancha Blanca

2 km südöstlich von Mancha Blanca, 6 km nordöstlich des Nationalparks
©/Fax 928 84 08 39, www.mma.es
Tägl. 9–17 Uhr, Audiovision (vorher Kopfhörer verlangen) mehrmals zwischen 9.30 und 15.30 Uhr, Eintritt frei
Alles Wissenswerte über die Entstehung der Insel und der Vulkanlandschaft, über Geschichte und Wirtschaft Lanzarotes, auch per Audiovision; mehrsprachige Simulation eines Vulkanausbruchs im Untergeschoss. Infos auch über Wanderungen durch die Lavalandschaft (nur mit Führung, für Gruppen bis 7 Personen); unbedingt reservieren (Wartelisten).

Parque Nacional de Timanfaya

Einfahrt zwischen Yaiza und Mancha Blanca
Autofahrer lösen an der Schranke ein Ticket für den Parkplatz und die Bustour.

Am Rande der Feuerberge auf einhöckrigen Kamelen

✆ 928 84 00 57
Tägl. 9–18, letzte Route mit dem Bus 18 Uhr
Eintritt inkl. Bustour € 8 , Kinder 7–12 Jahre € 4

E4

El Diablo
Im Nationalpark, Islote del Hilario
✆ 928 17 37 89, tägl. 12–15.30 Uhr
Beeindruckender Blick auf die Feuerberge, einheimische Küche, auch Gegrilltes vom Vulkanschlot. €€

G3

Echadero de los Camellos
Unterhalb des Nationalparks, westlich der Straße von Yaiza zum Park
Tägl. 9–17 Uhr
20 Minuten Ritt am Rande der Feuerberge auf einhöckerigen Kamelen. Preis pro Kamelritt (2 Sitze) € 12.

J/K2

Playa Blanca

Am südlichen Ende von Lanzarote entstand in den letzten Jahrzehnten aus einem Hafen für die Verschiffung von Salz der Salinas de Janubio ein ausgedehnter Urlaubsort. Die meisten Hotels und Apartments stehen an den Stränden, der kleine Kern blieb ziemlich ursprünglich, vom Hafen aus verkehren Schiffe nach Corralejo auf Fuerteventura, einer der beliebtesten Ausflüge. Die Uferpromenade oberhalb des meistens überfüllten Hausstrandes ist gespickt mit Restaurants und Bars. Westlich und östlich davon liegen die aufgeschütteten Strände **Playa Flamingo** und **Playa Dorada**.

Dort wurde auch der **Sporthafen Marina Rubicón** eröffnet. Hier und drüben im Osten des Ortes ist die Bauwut ausgebrochen. In wenigen Jahren stieg die Bettenzahl von 5000 auf 18 000, hinzu kommen etwa 5000 Villen, die in der offiziellen Statistik nicht erscheinen. Entsprechend überlastet wirkt das kleine Zentrum mit den vielen Restaurants.

Touristeninformation
C. Limones 1, 35572 Playa Blanca
✆ 928 51 81 50
turismo@yaiza.org

K2

Die **Avenida Marítima** (Uferpromenade) säumen viele gute, ab Mittag durchgehend geöffnete Restaurants mit fangfrischem Fisch, z. B.:

Brisa Marina
✆ 928 51 72 06. €€€

El Varadero
✆ 928 51 77 02. €€

Außerdem empfehlenswert:
Casa Pedro
Avenida Marítimo 77, Playa Blanca
✆ 928 51 79 65
Restaurant auf 2 Etagen, traditionelle Architektur, direkt am kleinen Sandstrand, Tische auch an der Avenida. Vorwiegend Fischgerichte. €€

Puerto Deportivo Marina Rubicón
Urbanización Castillo del Águila, Playa Blanca
✆ 928 51 90 12
www.marinarubicon.com
500 Anlegestellen mit allen sanitären und technischen Einrichtungen. Gebäude im kanarischen Stil, Restaurants, Bars und Boutiquen, Tennis und Pool.

Tauchen: Centro de Buceo Cala Blanca
Centro Comercial El Papagayo, Locál 66
✆ 928 51 90 40, Fax 928 51 84 00
www.calablancasub.com

Bootsausflüge:
Fahrten nach Corralejo/Fuerteventura etwa 6 mal tägl., auch mit PKW-Transport, Überfahrt ca. 35 Minuten:
– Fred Olsen
Muelle de Playa Blanca s/n (Hafenmole)
✆ 928 51 72 66, Fax 928 81 23 63
– Naviera Armas
Muelle de Playa Blanca s/n (Hafenmole)
✆ 928 51 79 12

– Marea Errota
Muelle de Playa Blanca s/n (Hafenmole)
✆ 928 51 76 33, mareaerrota@retemail.es
Piratenfahrt, Transferbus ab Costa Teguise und Puerto del Carmen. Fahrt auf einem im alten Stil gebauten Zweimaster, Stopp und Essen vor den Playas de Papagayo.

Ausflug:

Playas de Papagayo
Der Ausflug über die Pisten zu den Papageienstränden hat die Umwelt stark strapaziert, Flora und Fauna der Dünen vernichtet. Um den Verkehr zu lenken, ist jetzt nur ein Weg erlaubt, außerdem wird von Autofahrern eine Gebühr verlangt (€ 3). Naturschützer kontrollieren die Wege zu den Stränden, weil vor allem Jeepfahrer immer wieder versuchen, im Naturschutzgebiet eigene Spuren zu hinterlassen.

Unter dem Namen Playas de Papagayo versteht man folgende Buchten:
Playa de Mujeres – 400 Meter Sandstrand, wegen der Nähe zum Urlaubsort stark frequentiert;
Playa de Caletón – schmale Bucht, wenig besucht;
Playa del Pozo – 300 Meter Sandstrand, gut besucht;
Playa de la Cera – 300 Meter Sandstrand, unterschiedlich stark besucht, auch FKK;
Playa de Papagayo – namensgebend für den ganzen Abschnitt, etwa 120 Meter Sandstrand;
Playa Caleta del Congrio – 100 Meter Sandstrand, starke Brandung;
Playa de Puerto Muelas – 100 Meter Sandstrand, starker Wind, auch Camper.

Die schönsten Strände und Sandbuchten Lanzarotes verbergen sich hinter dem Begriff »Playas de Papagayo«

Kiosko Las Arenas
Terrassen direkt über der Playa de Papagayo
✆ 629 88 74 58, tägl. 11–19, im Sommer bis 21 Uhr
Fischgerichte und andere kleine Speisen, schöne Drinks, flotte Musik. €€

Playa Quemada

Der vor allem von Einheimischen aufgesuchte kleine Ferienort **Playa Quemada** (verbrannter Strand), auch Puerto Quemada, ist über die LZ 706 erreichbar, die zwei Kilometer südöstlich von Uga nach Süden abzweigt. Im ehemaligen Fischerort gibt es vorwiegend Ferienhäuser, auch ein paar Fischkneipen. Wochentags kommen Urlauber hierher, die Ruhe suchen, am Wochenende feiern Einheimische ihre Freizeit. Die vor dem Ort liegende schwarze **Playa de la Arena** eignet sich vor allem für Spaziergänge auf dem Kies- und Sandstrand. Hinter einem Felsvorsprung liegt eine kleine Bucht mit schwarzem Sand, bei FKKlern und wilden Campern beliebt.

7 Islas
Calle La Bajita s/n, Playa Quemada
✆ 928 17 32 49
Einfaches Restaurant mit Terrasse, gute Fischgerichte, auch Meeresfrüchte. €€€

Playas de Papagayo

Vgl. unter Playa Blanca, S. 60.

Puerto Calero

Der große Sporthafen liegt westlich von Puerto del Carmen, drei Kilometer südlich der LZ 2. Stilvolle Anlage in Weiß und Blau, konzipiert vom Designer und Architekten Luis Ibañez, einem Freund von César Manrique. An der Promenade gibt es einige Restaurants und viele Boutiquen, v. a. mit Kleidung und Bootsausrüstung.

Puerto Calero
Centro Comercial Antiguo Varadero, 2° planta
www.puertocalero.com
420 Anlegeplätze, alle sanitären und technischen Einrichtungen. Hochseefischen, Motorwassersport, Jetski, Tauchen etc. (vgl. unten):

Submarine Safaris
✆ 928 51 28 98, www.submarinesafaris.com
kostenloser Bus ab Costa Teguise und Puerto del Carmen, Tauchzeiten: 10, 11, 12 und 14 Uhr
Tauchgang € 52, bis 14 Jahre € 30, unter 2 Jahren ungeeignet, 15% Rabatt bei Online-Buchung
Tauchgänge vor dem Hafen in 30 m Tiefe, Schiffswrack mit zahlreichen Fischarten.

Catlanza
✆ 928 51 30 22, www.catlanza.com
Katamaran-Segeltouren zu den Papagayo-Stränden, tägl.10–14 Uhr, Tickets € 65/39 (5–16 Jahre).

Der alte ▷ Fischereihafen von Puerto del Carmen

Museo de Cetáceos de Canarias
Edificio Antiguo Varadero, 1. Stock, Locál 11
Puerto Calero
✆ 928 84 95 60, Fax 928 84 95 61
www.museodecetaceos.org
Di–Sa 10–18 Uhr, Eintritt € 12, Kinder 7–12 Jahre € 6
Alles über Säugetiere des Meeres, über Wale und Delphine, Reproduktionen in Originalgröße, Originalskelette, originale Tonaufnahmen, Filme und Führungen.

H4

Amura
Am Hafen, Puerto Calero
✆ 928 51 31 81, von 13 Uhr bis nachts, Mo geschl.
Hochpreisiges Spitzenrestaurant: elegant, professionell. Spezialität: Milchspanferkel. €€€€

H5/6

Puerto del Carmen

H6

Lanzarotes bedeutendstes Urlaubsziel im Süden der Insel zieht sich etwa acht Kilometer am Meer entlang. Viele große Hotelanlagen liegen jenseits des Strandboulevards. Im Osten der Stadt, vor allem an der **Playa de los Pocillos,** hat man sich bemüht, auf Beton zu verzichten, man sieht viel Inselarchitektur mit Holzbalkonen und Türmchen. Entlang der lebhaften Avenida de las Playas reihen sich Restaurants mit Menüs aus aller Herren Länder, Bars und Pubs, Diskotheken und Spielhallen aneinander. Zahlreich sind auch die Centros Comerciales mit breitem Angebot und Boutiquen, jede Marke ist hier vertreten.

H5

Der alte Kern der Stadt, der **Puerto La Tiñosa** mit der **Plaza Varadero,** hat durch viel Umbau am Hafen seine Romantik zum großen Teil verloren. Das klassische Restaurant »El Sardinero« wurde zu einem Disko-Betonklotz verschandelt, der Tanzschuppen ist auch wieder geschlossen, Bauruine. Zwar gibt es immer noch ein paar traditionelle Fischrestaurants an der Plaza, sie werden jedoch von einer modernen Lokalreihe über dem schwarzen Vulkanfelsen überstrahlt. Am meisten Stimmung machen noch die historische »Casa Roja« (1850) direkt am Hafen und das Restaurant »La Lonja« mit kleiner Fischhalle, wo man sein Essen aussucht und den frischen *pescado* von der Küche zubereiten lässt.

Die Strände von Puerto del Carmen
Vom Osten beginnend:

H6

Playa de Matagorda am Kap de Cima – hier weht ein ständiger Wind, der richtige Platz für Surfer;
Playa de los Pocillos – mehr als zwei Kilometer Sandstrand, bei Flut bildet sich teilweise eine große Lagune, ein großer Spaß für Kinder;

H5

Playa Grande (früher Playa Blanca) – zwei Kilometer Sandstrand im Zentrum der Stadt unterhalb der Avenida de las Playas.

GLORIA

H5

Touristeninformation
Avda. de las Playas s/n, oberhalb der Playa Grande
35510 Puerto del Carmen
✆ 928 51 33 51, Fax 928 51 56 15
www.puertodelcarmen.com (auch deutsch)

Casa Roja
Avenida del Varadero s/n, Puerto del Carmen
✆ 928 51 58 66, tägl. 10–24 Uhr
Historisches, stimmungsvolles Haus von 1850 mit Terrasse direkt über dem Hafen. Gute Fisch- und Fleischgerichte. €€–€€€

La Lonja
Oberhalb des Hafens, frühere Fischhalle
Puerto del Carmen, ✆ 928 51 13 77
Stimmungsvolles Fischrestaurant, auch Fisch-Tapas. Verkauf von Fisch und Meeresfrüchten. €€

Puerto Viejo
Avenida del Varadero s/n, Puerto del Carmen
✆ 928 51 19 33
Bekanntes Restaurant in Hafennähe. Fisch- und Fleischgerichte, auch Paella. €€€

Groß ist das Angebot an nächtlichem Vergnügen an der **Avenida de las Playas**, so im Centro Comercial Atlántico mit Musikbars und Diskotheken wie Dreams Disco, Waikiki Beach Club, American Hard Rock Café, Diskothek Ibiza und Charlie's, von abends bis 3 Uhr früh. Sehr beliebt sind die Musikbar Tropical und der Discopub Ruta 66 im Centro Comercial Dorada (ab 22 Uhr, Bars, amerikanischer Rock, Tanz).

Casino de Lanzarote
Avda. de las Playas 12, Puerto del Carmen
Spielautomaten-Saal 11–4, Spielsalon 20–4 Uhr
Einziges Spielcasino der Insel, mit Restaurant.

Lanzarote Golf Resort
Carretera Puerto del Carmen-Tias
✆ 928 94 50 90, Fax 928 94 50 89
www.lanzarotegolfresort.com

Tauchen:
Centro de Buceo Atlántica
Aparthotel Fariones Playa
✆ 928 51 07 17, Fax 928 51 13 22
www.atlanticadiving.es

H3/4

Uga

Wo die Hauptstraßen LZ 2 und LZ 20 zusammenstoßen, kurz vor Yaiza, liegt das **Dorf der Kameltreiber**. Von hier zieht jeden Morgen die Dromedar-Karawane

Die Dromedare von Uga

Früher dienten die einhöckrigen Kamele als Zugtiere in der Landwirtschaft. Doch die Bauern von Uga haben auf Reittiere umgestellt. Seit den 1970er-Jahren schaukeln die Wüstenschiffe Touristen durch die Vulkanschlacke. Aus Gründen des Naturschutzes dürfen die Karawanen nur noch am Rande der Feuerberge ziehen. Etwa 200 Dromedare gehören dem Dorf, durch Zucht wird die Zahl auf diesem Stand gehalten. Während der Brunftzeit müssen die blubbernden Kamelhengste wegen ihrer Aggressivität im Gehege bleiben.

Mit 10 bis 15 Tieren hat eine Familie ein gutes Auskommen, das Gewerbe des Treibers *(camellero)* wird an den Sohn vererbt. Wohlhabende Kameltreiber beschäftigen Gastarbeiter aus Mauretanien. Morgens und abends muss die Kamelherde die Hauptstraße Yaiza–Timanfaya überqueren. Autofahrer werden diesbezüglich mit einem seltenen Verkehrszeichen gewarnt: Im rot umrandeten Gefahrenzeichen ist ein schwarzes Kamel abgebildet.

Ein Beitrag zum ewigen Streit: Es gibt unter den Kamelarten das einhöckrige und das zweihöckrige Kamel. Das einhöckrige Kamel wird Dromedar (lat. *Camelus dromedarius)* genannt, das bedeutet Rennkamel. Das zweihöckrige Kamel dagegen wird auch als Trampeltier (lat. *Camelus ferus*) bezeichnet.

an den Rand der Feuerberge, um Touristen ein paar Runden am Lavaberg drehen zu lassen. Abends nach 17 Uhr kommen sie wieder zurück. Etwas nordafrikanisch mutet der Flecken an, weiße, kubische Häuser, dazwischen mit schwarzem Lavagranulat bedeckte Gärten, Kakteen und Palmen. Auch bei der weißen Kirche **San Isidro Labrador** setzt sich der Schmuck mit Hibiskus, Geranien und einem Drachenbaum fort.

In der Umgebung kann man auf den Feldern die einhöckrigen Kamele grasen sehen, sie werden in Uga gezüchtet. Wenn sich die Kameltreiber in den wenigen Kneipen versammeln, ist die Stimmung besonders heiter.

Bodega
An der LZ 2 am östlichen Ortsrand von Uga
© 928 83 01 47, Do geschl.
Restauriertes Bauernhaus mit Zisterne, Garten und

H4

Die »Bodega« am Ortsrand von Uga

Terrasse. Große Schinkenplatte, abends feine Köstlichkeiten bei Kerzenschein, auch Kamelfleisch. €€€€

H4

Casa Gregorio
Ortsmitte, nahe der Kirche, Uga
✆ 928 83 01 08, Mi–Mo ab 9 Uhr
Rustikales Restaurant, Treff der Kameltreiber, deftige kanarische Gerichte, auch Tapas. €–€€

H3

La Ahumaderia
An der LZ 2 links Richtung Yaiza
✆ 928 83 01 32
Di–Fr 10–13.30 und 16–18.30, Sa 10–14 Uhr
Lachsräucherei, es wird nur frischer Lachs aus Norwegen und Schottland verwendet.

G3

Yaiza

Nur wenige Kilometer südlich des Parque Nacional de Timanfaya liegt Yaiza, von dem Einheimische meinen, es sei das schönste Dorf der Insel, was auch die mehrfache spanische Auszeichnung bestätigt. Das Symbol für das »schönste Dorf«, das Bauernmädchen mit dem Krug, steht hinter der Kirche auf der **Plazuela de Victor Fernández**. Vor der Kirche breitet sich die gepflegte, mit Palmen und Pfefferbäumen geschmückte **Plaza de los Remedios** aus.

Die Kirche **Nuestra Señora de los Remedios** ist eine der wenigen auf der Insel, die regelmäßig geöffnet hat, außer mittags. Beide Langhausschiffe und das Querschiff haben dunkle, Chorraum und Vierung rot-blau-gelbe Mudéjar-Decken. In der Hauptnische der Hochaltarwand steht die »Jungfrau der Vierzehn Nothelfer« auf einer großen silbernen Mondsichel, silbern sind auch die schweren Kronen der Jungfrau und des Jesuskindes.

Am Westende der Plaza de los Remedios zieht die restaurierte **Casa de la Cultura** die Blicke auf sich. Das Geburtshaus des Literaten und Politikers Benito Perez Armas (1871–1937) fällt durch seine maurisch wirkende Bauweise, das Ensemble um den offenen Innenhof und die roten Ziegeldächer auf – ein deutlicher Kontrast zu den weißen Häusern Yaizas.

Ein paar Schritte weiter in Richtung Playa Blanca wurde in einem der schönsten Bauernhäuser Yaizas die **Galeria Yaiza** untergebracht. Sie zeigt Werke des 1998 verstorbenen deutschen Künstlers Wilfried Leitz, der eher unter seinem Künstlernamen Veno bekannt ist. Unter den geförderten, jungen Inselkünstlern hebt sich vor allem Tayó aus dem benachbarten Uga heraus, dessen figurale, humorvolle und farbenfrohe Bilder im Kontrast zu Venos impressionistischen, in den Farben der Insel gestalteten Motiven stehen.

Wer sich über den Ort und seine Umgebung einen Überblick verschaffen will, besteigt am besten Yaizas

Hausberg, die **Montaña de la Cinta**. Das weiße Dorf ist umgeben von einer dunklen Vulkanlandschaft, die ahnen lässt, welche Ausmaße die Ausbrüche von 1730 hatten. Nur drei Häuser blieben stehen, eines davon, das Landgut »La Era«, entdeckt man südöstlich vom Berg inmitten eines üppigen Gartens (Barranco 3, hinter der Kirche). Das von den Inselkünstlern César Manrique und Luis Ibañez ehemals zu einem berühmten Restaurant umgebaute, 300 Jahre alte Landgut vergammelt seit der Schließung des Restaurants leider allmählich.

Casa de la Cultura
Piazza de los Remedios s/n, Yaiza
Mo–Fr 9–13 und 17–19 Uhr, Eintritt frei
Bibliothek, Verwaltungs- und Ausstellungsräume für einheimische Künstler.

Galeria Yaiza
Am Ende von Yaiza Richtung Playa Blanca
✆ 928 83 01 99
Mo–Sa 17–19 Uhr
Sorgfältig restauriertes Bauernhaus. In der Galeria werden Gemälde des deutschen Malers Wilfried Leitz, bekannt unter dem Künstlernamen Veno, und anderer Künstler der Insel ausgestellt, u.a. Arbeiten von Ildefonso Aguilar und Tayó aus dem benachbarten Uga.

Casona de Yaiza
Calle El Rincon 11, am südlichen Stadtrand von Yaiza
✆ 928 83 62 62
Edles Restaurant in einem Landhotel, reich dekoriert. Raffinierte kanarische und mediterrane Küche, auch kleine Gerichte. €€€

Mariateresa
Calle La Cuesta 14, von Uga aus am Anfang von Yaiza
✆ 928 83 03 25
Gepflegtes Restaurant im Landhotel Finca de las Salinas. Geboten wird kanarische und internationale Küche. €€€–€€€€

Das schönste Dorf der Insel: Yaiza

5 Service

Lanzarote in Zahlen und Fakten

Lanzarote, die nördlichste Insel der Kanaren, liegt 115 km von der afrikanischen Küste entfernt.
Lanzarote bildet zusammen mit Gran Canaria und Fuerteventura die Ostprovinz des Archipels.
Die Fläche: 795 km^2, 62 km lang, 21 km breit.
Einwohner: Rund 140 000, davon etwa 59 000 in der Hauptstadt Arrecife.
Wirtschaft: Seit den 1970er Jahren ist der Tourismus Erwerbszweig Nummer eins. Die Landwirtschaft kann nur einen Bruchteil der benötigten Lebensmittel erzeugen. Immer größere Bedeutung erhält die Produktion von Ziegenkäse und von Wein.

Die teils vulkanische Insel ist in sieben Gemeinden, die *municipios,* eingeteilt: Arrecife, Haría, San Bartolomé, Teguise, Tías, Tinajo und Yaiza. Da vor dem Tourismus die Küste als wertloses Land galt, liegen die Verwaltungsstädtchen (außer Arrecife) im Landesinneren. So kommt es, dass beispielsweise das viel größere Puerto del Carmen von dem kleinen Tias verwaltet wird, Playa Blanca von Yaiza.

Anreise

Deutsche, Österreicher und Schweizer benötigen einen gültigen Personalausweis oder Reisepass bzw. den Kinderausweis. Bei Einreisenden aus EU-Ländern werden auf Lanzarote keine Passkontrollen durchgeführt. **Hunde und Katzen** dürfen innerhalb der EU nur mit dem Nachweis einer Tollwutimpfung (eindeutig er-

Im Hafen von Puerto del Carmen

kennbare Tätowierung oder ein implantierter Mikrochip) mitgenommen werden. Die Daten werden durch eine Tollwut-Impfbescheinigung bestätigt, ausgestellt von einem ermächtigten Tierarzt.
Für Autofahrer reicht der nationale Führerschein.

Anreise mit dem Flugzeug:
Flugzeit ab Frankfurt/Main: ca. 4 Std., 3228 km. Charterflüge gibt es ganzjährig, meistens wird Lanzarote direkt angeflogen, z. B. von Condor, Tuifly, Air Berlin/LTU.

Linienflüge mit Iberia, Zwischenstopp in Madrid bzw. Barcelona, gibt es täglich ab Frankfurt, Düsseldorf und Hamburg, ab Berlin und München am Mo, Mi, Fr und So.

Der **Flughafen** liegt zwischen Arrecife und Puerto del Carmen. Chartergäste werden mit dem Bus abgeholt, Linienbusse (sie heißen auf den Kanaren *Guaguas*) fahren alle Urlaubsorte an. Auch Taxis (Festpreise bzw. Taxameter) stehen bereit.

Anreise mit dem Schiff:
Urlaubsreisen mit dem Schiff, auch mit PKW-Verladung, sind ab Cadiz möglich und werden u.a. vermittelt durch die Vertretung der Linie Transmediterranea: Deutsches Reisebüro (DER), Emil-von-Behring-Str. 6, 60439 Frankfurt/M., ✆ (069) 95 88 17 17.

Auskunft

Fremdenverkehrsämter/Tourismusbüros:

In Deutschland:
Kostenloses Prospektmaterial kann man unter:
✆ (061 23) 991 34, Fax (061 23) 991 51 34 bestellen.
Spezielle Anfragen richtet man an:
– Kurfürstendamm 63, D-10707 Berlin
✆ (030) 882 65 43, Fax (030) 882 66 61
berlin@tourspain.es
– Grafenberger Allee 100, D-40237 Düsseldorf
✆ (02 11) 680 39 81, Fax (02 11) 680 39 85
dusseldorf@tourspain.es
– Myliusstr. 14, D-60323 Frankfurt/Main
✆ (069) 72 50 33 und 72 50 38, Fax (069) 72 53 13
frankfurt@tourspain.es
– Postfach 151940, D-80051 München
✆ (089) 53 07 46 11, Fax (089) 53 07 46 20
munich@tourspain.es

In Österreich:
– Walfischgasse 8, A-1010 Wien
✆ (01) 512 95 80, Fax (01) 512 95 81
viena@tourspain.es

In der Schweiz:
– Seefeldstr. 19, CH-8008 Zürich
✆ (044) 253 60 50, Fax (044) 252 62 04
zurich@tourspain.es

Auf Lanzarote:
– Avda. Blas Cabrera Felipe s/n, 35500 **Arrecife**
✆ 928 81 17 62, Fax 928 80 00 80
info@turismolanzarote.com
– Parque José Ramírez Cerdá (Informations-Kiosk), 35500 **Arrecife**
– Centro Comercial Los Charcos, Locál 11
Avda. Islas Canarias s/n, 35530 **Costa Teguise**
✆ 928 59 25 42, Fax 928 59 29 89
costateguise@turismolanzarote.com
– C. Limones 1, 35570 **Playa Blanca**
✆ 928 51 81 50, Fax 928 51 82 02
playablanca@turismolanzarote.com
– Avda. de las Playas s/n (Pavillon oberhalb der Playa Grande), 35510 **Puerto del Carmen**
✆ 928 51 33 51, puertodelcarmen@turismolanzarote.com

Wichtige Rufnummern:

Vorwahl für Spanien: 00 34
Vorwahl für Lanzarote: 928
Polizeinotruf (Urgencias): ✆ 112
Rettungsdienst: ✆ 116
Feuerwehr: ✆ 112
Stadtpolizei (Policia Municipal): Arrecife ✆ 928 81 25 34, Teguise/Costa Teguise ✆ 928 84 52 52, Tías/Puerto del Carmen ✆ 928 83 41 01, Yaiza/ Playa Blanca ✆ 928 83 01 07, Haría ✆ 928 83 52 52, Tinajo ✆ 928 84 07 29, San Bartolomé ✆ 928 52 07 12
Guardia Civil: Arrecife ✆ 928 81 18 86, Tías/Puerto del Carmen ✆ 928 51 03 36, Yaiza/Playa Blanca ✆ 928 83 01 17
Rotes Kreuz: ✆ 928 81 22 22, Tías/Puerto del Carmen ✆ 928 81 50 55, Yaiza/Playa Blanca ✆ 928 83 01 90
Allgemeines Krankenhaus Arrecife: ✆ 928 80 18 63
Sperrnotrufe: vgl. S. 76.

Automiete/Autofahren

Autofahren:
Für Verkehrsteilnehmer gelten die gleichen Bestimmungen wie in Deutschland. Verboten ist, unter Einfluss von Alkohol, Rauschgift oder Medikamenten zu fahren.
Mietwagen:
Der Führerschein muss mindestens ein Jahr alt, der Fahrer älter als 21 Jahre sein.

Wichtig ist ein Preisvergleich, denn bei hohen Tagespreisen sind meistens Haftpflichtversicherung, Voll-

Promillegrenze: 0,5
Höchstgeschwindigkeiten (in km/h):
Auf Autobahnen 120, auf Schnellstraßen mit mehr als einer Spur 100, auf schmaleren Landstraßen 90, in geschlossenen Ortschaften 50, in Wohngebieten (Spielstraßen) 20.
Anschnallpflicht:
Für alle Insassen; nicht vom schlechten Beispiel der Einheimischen anstecken lassen, hohe Geldstrafen.
Sturzhelm:
Für Moped- und Motorradfahrer auch innerhalb der Ortschaften Pflicht.

kasko, Insassenversicherung und Mehrwertsteuer eingeschlossen; bei Billiganbietern kommen diese Zuschläge bei Vertragsabschluss hinzu. Die Verträge werden vorwiegend ohne Kilometerbegrenzung angeboten.

Unbedingt vor der Übernahme Reifenprofil, Bremsen, Kupplung und Lenkung prüfen. Manche Vermieter übergeben das Fahrzeug mit fast leerem Tank, dann unbedingt fragen, wo die nächste offene Tankstelle ist. Nicht vergessen: Der Stand der Tankanzeige sollte auf dem Vertrag notiert werden, dann kann man das Auto auch mit fast leerem Tank zurückgeben.

Behindertengerechte Einrichtungen

Auf die Bedürfnisse von Behinderten wird nur in Neubauten oder total renovierten Gebäuden Rücksicht genommen. Man sollte sich besser vorher beim Reisebüro genau erkundigen. Auskünfte gibt es beim:

BSK-Reiseservice
Altkrautheimer Str. 20, D-74238 Krautheim/Jagst
✆ (062 94) 4281-0, Fax (062 94) 42 81 79
www.bsk-ev.org

Diplomatische Vertretungen

Die Konsulate der autonomen Region der Kanaren befinden sich auf der Insel Gran Canaria:

Deutsches Konsulat
Calle Albareda 3
E-35007 Las Palmas de G. C.
✆ 928 49 18 80, Fax 928 26 27 31
www.las-palmas.diplo.de
Mo–Fr 9–12 Uhr

Österreichisches Konsulat
Avda. de Gran Canaria 26
E-35100 Playa del Inglés
✆ 928 76 25 00, Fax 928 76 22 60
Mo–Fr 10–13 Uhr

Schweizer Konsulat
Calle Domingo Rivero 2/Juan XXIII.
E-35004 Las Palmas de G. C.
✆ 928 29 34 50, Fax 928 29 00 70
www.eda.admin.ch/spain, Mo–Fr 9–13 Uhr

Einkaufen

In allen Urlaubsorten gibt es ein oder mehrere **Centros Comerciales** (kurz: CC) mit einem breiten Angebot – auch Lebensmittel. Da man kaum Straßenbezeichnungen kennt, dienen diese CCs als Adressenhinweis.

Kunsthandwerk wie Töpferwaren, Korbflecht- und Häkelarbeiten gibt es in speziellen Geschäften, vor allem im Zentrum von Teguise und im Kunsthandwerkszentrum in Haría. Sehr beliebt ist auf Lanzarote auch von Gold- und Silberschmieden hergestellter Olivin-Schmuck. Die grünen Edelsteine werden aus Asien und Südamerika importiert, der auf Lanzarote gesammelte Olivin ist für die Verarbeitung zu brüchig.

Lanzarote-Weine sind bei Kennern sehr beliebt, günstigere Angebote gibt es oft in den Supermärkten. In den Bodegas ist der Wein meistens etwas teurer, aber man kann ihn vor dem Kauf kosten. Die meisten Bodegas findet man an der Straße Uga-La Geria.

An **Lebensmitteln** bieten die Supermärkte eine große Auswahl, z.B. preiswerten Ziegenkäse, *gofio* (geröstetes Mehl) und *mojo*, die scharfe Soße.

Zigaretten, **Spirituosen** und **Parfüm** gibt es preisgünstig in den Supermärkten, nicht am Flughafen, dort ist alles viel teurer.

Wer sich für **Kunst** interessiert, findet auf Lanzarote zahlreiche Galerien mit Zeichnungen, Aquarellen und Ölbildern.

Shopping in Puerto del Carmen

Essen und Trinken

Die lanzarotenische Küche ist recht abwechslungsreich, sie wurde von bäuerlichen Traditionen beeinflusst, von altkanarischen Rezepten und auch von vielen Seefahrernationen. Grundsätzlich wird reichlich frisches Gemüse verwendet, vor allem beim fantasievollen *Puchero canario,* ein Muss auf dem kanarischen Speisezettel: Fleisch von Rind, Hammel, Schwein und Huhn, als Würze eine pikante Wurst (z.B. *Chorizo,* eine Blut- und Paprikawurst), gelegentlich mit Speck und Rippe.

An Gemüse herrschen vor: grüne Bohnen, Linsen, Kichererbsen, Karotten, Zwiebeln, Knoblauch, Stachelgurken (Chayotefrucht), Kartoffeln, Süßkartoffeln (Bataten), *Bubangos* (den Zucchini ähnlich), Kürbis, Mais und Kohl. Gewürzt wird mit Safran, Kreuzkümmel, Thymian, Oregano oder Petersilie. Und mit *Gofio*, der in die Puchero-Brühe gerührt wird. Das Kraftfutter *Gofio* besteht aus getrocknetem, dann geröstetem und gemahlenem Weizen und Mais. Schon bei den Altkanariern gehörte dieses Mehl zur täglichen Ernährung (sehr kalorienreich!).

Zutaten der lanzarotenischen Küche

Zu den meisten Speisen wird auch die scharfe *Mojo* gereicht, Grundbestandteil sind scharfe kleine Paprikaschoten und Knoblauch, dann ist es die *Mojo picante*, mit Koreander zubereitet heißt sie *Mojo de Cilantro* oder *Mojo verde*.

Zur Tradition gehören auf den Kanaren die kleinen *Papas arrugadas,* in Salzwasser runzelig *(arrugadas)* gekochte, kleine Kartoffeln, mit einer Salzkruste ummantelt. Sie werden mit der Schale gegessen und in reichlich *Mojo* getaucht.

In Restaurants, die von Einheimischen bevorzugt werden, gibt es oft *Cabrito* und *Cordero,* Zicklein und Lamm. Auch Braten und Gegrilltes werden serviert, beispielsweise Schweine- oder Rindersteaks, Hähnchen, Koteletts und Kaninchen.

Zahlreich sind an der Küste Lanzarotes natürlich Gerichte mit Fisch *(pescado)* und Meeresfrüchten *(mariscos)*. Die Rezepte sind sehr einfach, ob *Sama* (Brasse) oder *Vieja* (Papageifisch), der beliebteste Fisch der Kanaren, sie werden mit einem Schuss Olivenöl gekocht und mit *Mojo verde*, der scharfen, grünen Soße serviert.

Mehr Arbeit macht die Zubereitung und entsprechend teurer ist die *Cazuela de pescado*, der Fischtopf. In der einfachen Küche wird sie aus Kopf und Schwanz eines großen Fisches zubereitet, feinere Rezepte verlangen Scheiben von Brasse, Barsch und Kabeljau. Kopf und Schwanz sind für den Fischsud wichtig, der mit Zwiebeln, frischen Tomaten, Paprika, Olivenöl und Weißwein zu einer sämigen Brühe eingekocht wird und erst den richtigen Pfiff gibt. *Caldo de pescado* ist

Frische Fische

Etwa 500 Fischarten leben in den kanarischen Gewässern. Vor allem im Inselinneren steht auf der Speisekarte oft nur der spanische Name. Hier eine Liste für Fischfreunde:

Atún	Thunfisch
Cherne	Wrackbarsch
Bacalao	Dorsch/Stockfisch
Gambas	Krabben
Langosta	Languste
Langostino	Scampi
Lenguado	Seezunge
Mariscos	Krustentiere
Lapas	Napfschnecken
Mero	Zackenbarsch
Pulpo	Tintenfisch
Salemas	Golstriemen
Sama	Rotbrasse
Tiburón	Haifisch
Vieja	Papageifisch

einfacher und preiswerter, diese Suppe besteht aus Fischresten und ein wenig Fleisch.

Hervorragend ist der Käse, meist aus Ziegenmilch, ob frisch oder gelagert. Zum Essen wird **Wein** vor allem vom spanischen Festland angeboten, er ist preiswerter. Der teurere Lanzarote-Wein aus der Gegend um Geria (berühmt: »El Grifo«) wird in Restaurants mit Tradition immer häufiger empfohlen. **Bier** gibt es aus aller Herren Ländern, auch die spanischen Marken sollten probiert werden.

Ein spezieller kanarischer Nachtisch ist *Bienmesabe* (dt. wörtlich: »es schmeckt mir gut«), eine süße Mischung aus Mandelmus und Honig. Außerdem gibt es *Turrón*, eine Art Nougat (Eier-Mandel-Masse) und *Flan*, Vanillepudding mit Karamell.

Die Essgewohnheiten der Lanzaroteños

Zum Frühstück gehen die Canarios in ihre **Bar**, und bestellen dort einen *café*, kurz und schwarz, häufig in einem kleinen Glas serviert. Mit Milchschaum obendrauf verwandelt er sich in einen *café cortado* (gekürzt), mit einem Schuss *coñac* zum *carajillo* (der Ausdruck ist etwas derb, kanarische Frauen vermeiden ihn möglichst). Zum Kaffee gibt es ein süßes Gebäck oder ein Sandwich.

Wer es sich leisten kann, geht mittags ins Restaurant, wer sparsamer essen will, begnügt sich mit einer Tapas-Bar, wo man auch kleine Portionen bestellen kann: **Tapas** auf einem kleinen Tellerchen für den ganz kleinen Hunger, dann gibt es die *media ración*, eine halbe Portion, oder die *ración* auf einem großen Teller.

Zur Auswahl an Tapas gehört immer die spanische **Tortilla**, wer kalte Leckereien bevorzugt, bestellt sauer eingelegte **Sardinen** *(boquerones)* oder **Tintenfischsalat** *(ensalata de pulpos)*, beliebt ist auch **Russischer Salat**, ein Kartoffelgemisch mit Wurzelgemüse, Erbsen, Eiern und viel Mayonnaise.

Feiertage/Feste

Gesetzliche Feiertage:
1. Januar: Neujahr
6. Januar: Heilige Drei Könige *(Los Reyes Magos)*
März/April: Karfreitag. *Semana Santa* vor Ostern und die Woche danach sind religiösen Feierlichkeiten vorbehalten: Jedes Dorf hat sein eigenes Fest, andere Aktivitäten werden reduziert.
1. Mai: Mai-Feiertag
25. Juli: Santiago/Sankt-Jakob-Tag
15. August: Mariä Himmelfahrt
12. Oktober: Nationalfeiertag *(Día de la Hispanidad/* Entdeckung Amerikas)
1. November: Allerheiligen
6. Dezember: Tag der Verfassung
8. Dezember: Mariä Empfängnis
25./26. Dezember: Weihnachten *(Navidad)*

Feiertage in den einzelnen Orten:
Die meisten Orte feiern ihren Schutzpatron oder eine wundertätige Madonna. Die unten genannten Termine sind zwar der Tag der Heiligen, können jedoch aus praktischen Gründen verschoben werden. Bitte erkundigen Sie sich im Vorfeld bei der entsprechenden Gemeinde.
5. Januar: Die »Heiligen Drei Könige« ziehen bei der *Cabalgada de los Reyes* auf Kamelen durch Arrecife.
Januar/Februar: Eine Woche Karneval in Arrecife; am Aschermittwoch Umzug »Begräbnis der Sardine«. Karnevalsfeiern auch in Teguise und Playa Blanca. Die Prozession in Puerto del Carmen findet erst am Samstag nach Karneval statt.
24. Mai: Fest der María Auxiliadora in Montaña Blanca (südwestlich San Bartolomé).
Mai/Juni: Fronleichnam *(Corpus Cristi)*, die Straßen von Arrecife und Haría werden mit bunten Blumenteppichen geschmückt.
13. Juni: San Antonio in Güime südlich San Bartolomé.
24. Juni: Johannistag, Fiesta de San Juan in Haría.
29. Juni: Peter und Paul, Fiesta de San Pedro in Máguez.
7. Juli: Fest zu Ehren von San Marcial del Rubicón in Femés; der ehemalige Bischof von Limoges ist Schutzpatron der Insel.
16. Juli: Fiestas del Carmen in Arrecife, Teguise, Puerto del Carmen und Famara. Das Fest dauert meistens eine ganze Woche lang. Besonders feierlich ist das Fest mit Bootsprozession auf der Insel La Graciosa.
24. August: Fest zu Ehren des heiligen Bartholomäus in San Bartolomé.
25. August: Fest zu Ehren des heiligen Ginés in Arrecife.
30. August: Fest zu Ehren der Santa Rosa in Haría.
8. September: Fest zu Ehren der Virgen de los Remedios in Yaiza.

Bootsprozession in Arrecife

9. September: Fest zu Ehren der Nuestra Señora del Socorro in Tiagua.
15. September: Fest zu Ehren der Virgen de los Volcanes in Mancha Blanca.
30. November: Fest zu Ehren des heiligen Andrés in Tao.
4. Dezember: Fest zu Ehren der heiligen Barbara in Máguez bei Haría.
24. Dezember: *Rancho de Pascua* in Teguise wird bis zum Morgen gefeiert, Folklore, Prozession und Mitternachtsmesse.

Geld/Kreditkarten

Kreditkarten nehmen fast alle Hotels, Restaurants und Geschäfte an. Die neue girocard, Nachfolgerin der EC-Karte, wird immer mehr zum bequemen Zahlungsmittel. Mit ihr und der Geheimnummer lässt sich auch bei fast allen Geldinstituten am Automaten Geld abheben. Die EC-Karte kann bis zum Ablauftermin weiterhin verwendet werden.

Bei **Verlust einer Geldkarte** gelten folgende Sperrnummern: für die girocard der Banken und Sparkassen ✆ (0)18 05-02 10 21, oder die allgemeine Sperr-Notruf-Nummer ✆ 00 49-116 116. Weitere Sperrnummern von Master Card, Visa, American Express etc. gibt es über www.kartensicherheit.de.

Geschäftszeiten

In den großen Urlaubsorten haben die Geschäfte meistens durchgehend geöffnet, auch am Samstagnachmittag. In Städten, z. B. in Arrecife, ist von Mo–Fr 9–13 und 17–20 Uhr, Sa nur vormittags geöffnet.

Klima und Reisezeit

Lanzarote ist ein Ganzjahresziel bei mittleren Temperaturen von 20 °C; im Juli und August können 29 °C, von Dezember bis April 13/14 °C erreicht werden. Die ausgeglichensten Urlaubsmonate sind März bis Juli. Regen fällt laut Statistik gelegentlich zwischen Oktober und März, wegen der Klimaveränderung immer mehr, die Insel wird grün. Wassertemperatur im Sommer ca. 22 ° C, im Winter 18/19 ° C. Der ständig wehende Wind lässt die starke Sonneneinstrahlung leicht vergessen. Deshalb anfangs den Aufenthalt in der Sonne kurz halten und stets eine Creme mit hohem Schutzfaktor auftragen. In der Zeit zwischen 11 und 15 Uhr ist die Wirkung der Sonnenstrahlen besonders stark. Kinder und empfindliche Erwachsene sollten sich unbedingt mit Sonnenhut, Nackenschutz und langer Kleidung schützen. Lanzarote liegt auf der Höhe der Sahara!

Bei Ausflügen unbedingt Pullover oder Windjacke wegen des Windes, der besonders stark auf den Höhen und an der Nordküste ist, mitnehmen. Das gilt wegen des großen Temperaturunterschieds auch abends beim Ausgehen.

Medizinische Versorgung

Die Apotheken in Urlaubszentren, erkennbar am grünen Kreuz, sind zwar gut sortiert, doch ist es besser, bei regelmäßiger Einnahme von Medikamenten einen Vorrat mitzunehmen.

Die **European Health Insurance Card** (EHIC) gilt seit dem 1. Januar 2006 in allen EU-Staaten. Sie ersetzt den Auslandskrankenschein (E 111). Die Europäische Krankenversichertenkarte wird zusätzlich zur normalen Krankenversichertenkarte ausgegeben.

Empfehlenswert ist eine zusätzliche Auslandskrankenversicherung, damit man im Krankheitsfall einen Arzt der Wahl aufsuchen kann. Die Behandlung muss dann bar bezahlt werden, die detaillierte Rechnung der Versicherung vorlegen, die im Rahmen der im Heimatland geltenden Sätze den Betrag erstattet.

Mit Kindern auf Lanzarote

Die Strände in den großen Urlaubsgebieten fallen sanft ins Meer ab und sind damit für Kinder ein wahres Paradies. Langes Buddeln im Sand nur mit Sonnenschutz zulassen (vgl. oben unter Klima und Reisezeit). Der Besuch von Restaurants mit Kindern ist auch abends völlig problemlos. Darauf achten: Viele Restaurants bieten inzwischen Kindermenüs an.

Kletterspaß für Kinder an der Playa Flamingo in Playa Blanca

In den größeren Hotelanlagen gibt es neben dem Pool ein Kinderbecken, Spielplätze und Animationsprogramme in Mini-Clubs (vorher Kataloge der Veranstalter studieren oder das Reisebüro fragen).

Die meisten der von der Natur geschaffenen Sehenswürdigkeiten auf Lanzarote sind auch für Kinder sehenswert und spannend. Besonders sind Familien mit Kindern zu empfehlen:

Im Norden:
- die Höhlen Cueva de los Verdes und Jameos del Agua (S. 39 f. und 43 f.)
- der Tropical Park in Guinate (S. 41 f.)
- der Jardin de Cactus in Guatiza (S. 40 f.)
- geplant: Museo Sacro y Popular de Haría (S. 42)
- der Freizeitpark Las Pardelas bei Orzola (S. 51)

Im Zentrum:
- das Museo Agricola El Patio in Tiagua (S. 34)
- das Castillo de Santa Bárbara bei Teguise (S. 33)

Im Süden:
- den Parque Nacional de Timanfaya (S. 56 ff.)
- Echadero de los Camellos, der Kamelritt (S. 58)
- die Submarine Safaris in Puerto Calero (S. 61 f.)
- das neue Walfischmuseum in Puerto Calero (S. 62)

Nachtleben

In den Urlaubszentren haben Bars, Cafeterien und Restaurants bis lange nach Mitternacht geöffnet. In Diskotheken ist erst nach Mitternacht so richtig etwas los. Nachtschwärmer finden vor allem in Puerto del Carmen reichlich Abwechslung, Zentrum der »Szene« ist dort das **Centro Comercial Atlántico**.

Wem das Geld locker sitzt, findet in Puerto del Carmen im **Casino de Lanzarote** (Avda. de las Playas 12, ✆ 928 51 50 00, www.casinodelanzarote.com) seinen Spaß bei amerikanischem Roulette und Black Jack; auch einarmige Banditen sind zahlreich vertreten. Öffnungszeiten: automatischer Spielsalon 11–4 Uhr, Casino und Restaurant 20–4 Uhr. Personalausweis mitbringen, Krawatte nicht erforderlich.

Öffentliche Verkehrsmittel

Bus:
Regelmäßige Fahrten mit dem Bus (*guaguas*, gesprochen: gwagwa) gibt es von den Urlaubsorten aus, hauptsächlich zur Inselhauptstadt Arrecife, nach Teguise, Yaiza, Tinajo und Haría. Zu anderen Orten sind Busse nur auf den Berufsverkehr (morgens und abends) eingestellt. Die Haltestellen heißen *parada de guagua*, man erkennt sie an der auf den Asphalt gepinselten weißen Aufschrift »BUS«.

Mietwagen: vgl. unter Automiete/Autofahren, S. 70 f.

Taxi:
Taxipreise sind im Vergleich zu Mitteleuropa günstig. Die meisten Taxis haben Taxameter, wenn nicht, muss der Fahrer eine Preistabelle vorzeigen können. Bei größeren Touren sollte vor der Fahrt ein Pauschalpreis ausgehandelt werden.

Schiff:
Passagierschiffe verkehren Di, Do und Sa von Lanzarote bzw. Fuerteventura nach Las Palmas de Gran Canaria, Rückfahrt am Mo, Mi und Fr; Fahrtdauer 13 Stunden.

Fährverbindungen zur Nachbarinsel Fuerteventura gibt es täglich mehrfach ab Playa Blanca nach Corralejo, die erste Fähre läuft um 8 Uhr aus. Wer den Mietwagen mitnehmen möchte, sollte sich vorher den Mietschein dafür vom Vermieter abstempeln lassen, sonst könnte der Versicherungsschutz für die Nachbarinsel gefährdet sein.

Post

Postämter sind Mo–Fr 9–14.30, Sa 9.30–13 Uhr geöffnet, in Arrecife Mo–Fr 9–20 Uhr, Sa von 9.30–13 Uhr. Urlaubsgrüße sollte man schnell schreiben, nach Europa sind sie meistens mehr als eine Woche unterwegs. Briefmarken *(sellos)* gibt es auf der Post, in Tabakläden, an Kiosken, die Postkarten verkaufen, manchmal auch an der Hotelrezeption. Die Briefkästen sind gelb lackiert mit einem roten Posthorn.

Presse/TV

Alle wichtigen deutschsprachigen Tageszeitungen und Zeitschriften sind in den Ferienorten erhältlich, einige am Tag nach Erscheinen, Boulevardzeitungen auch am Erscheinungstag. Einige deutschsprachige Zeitungen haben sich auf der Insel etabliert und informieren in

Beschwerdebuch

Bei überhöhten Preisen, schlechtem Service ... *Hojas de Reclamaciones* verlangen. Müssen alle haben: Bars, Restaurants, Hotels, Supermärkte, Taxifahrer, Busunternehmer etc. Die Blätter sind nummeriert, so dass niemand mogeln kann, indem er unliebsame Beschwerden entfernt.

einer bunten Mischung aus Politik, Tourismus und Kultur auch über aktuelle Ausstellungen und Feste.

Informationen über César Manrique sowie über kulturelle Veranstaltungen bietet *Lancelot Internacional*.

Die meisten Unterkünfte haben Satellitenempfang, doch die Auswahl deutscher Sender ist recht willkürlich, meistens werden nur private geboten.

Sicherheit/Kriminalität

In den großen Urlaubsstädten versammelt sich die ganze Welt, auch Diebe aus aller Herren Länder. Schon am Flughafen sollte man vorsichtig sein, wenn das Gepäck angekommen ist. Da keine Zollkontrollen stattfinden und die Gepäckbänder nahe am Ausgang liegen, ist der Koffer schnell verschwunden.

Während des Aufenthalts alle Wertsachen im Hotelsafe lassen, für unterwegs genügt eine polizeilich beglaubigte Kopie des Ausweises oder Reisepasses. Keine Wertsachen am Strand oder im Auto liegen lassen, auch nicht im verschlossenen Kofferraum. Keinesfalls die Geldbörse beim Stadtbummel in die Gesäß- oder Brusttasche stecken.

Sport und Erholung

Das Angebot für sportliche Urlauber ist auf Lanzarote reichlich. Alle **Wassersportarten**, vor allem Surfen, Segeln und Tauchen werden in den Urlaubsorten angeboten (Adressen bei den Orts-Infos).

Eine Übersicht über Tauchbasen bietet www.tauchbasen.net, über Tiefseetauchen und Hochseefischen in Orzola www.buceolanzarote.com, für Surfer und Kiter www.surf.tunera.net.

Wanderungen durch die bizarre Vulkanwelt, durch das Tal der 1000 Palmen oder über den Klippen des Famara-Gebiets bieten fast alle Agenturen an, die Reiseleitung informiert gerne.

Spezielle Tages- oder Wanderwochen bietet die **Alpinschule Innsbruck ASI** (In der Stille 1, A-6161 Natters, ✆ (00 43) 512 54 60 00, Fax (00 43) 512 54 60 60, www.asi.at).

Auf der Insel gibt es zwei **Golfplätze** (18 Loch), der eine ist in Costa Teguise, der andere bei Puerto del Carmen.

Costa Teguise hat den einzigen Golfplatz von Lanzarote zu bieten

Für **Radfahrer und Mountainbiker** ist Lanzarote wegen der meist nur leicht steigenden Straßen und der ständigen Brise ideal. Wer nicht sein eigenes Rad mitbringt, findet in den Urlaubsorten mehrere Verleihstationen, die auch Touren organisieren.

Drachen- und Gleitschirmflieger finden auf der Insel ideale Windverhältnisse, eine hervorragende Thermik und zahlreiche Absprungrampen, z.B. im Norden bei Orzola und Mala, bei der Ermita de las Nieves, am Barranco Maramajo, Ladera de Melo, Morro Prieto, Montaña Chimia, Las Peñas, El Cuchillo und Zonzamas, im Süden bei La Degollada, auf dem Atalaya de Femés und auf der Montaña Tinasoria. Infos: www.sail-fly.de.

Fast alle 4- und 5-Sterne-Hotels und große Apartmentanlagen haben **Tennisplätze**.

Strände:
Grundsätzlich gilt für Lanzarote: Der Norden und Nordosten bis Costa Teguise liegen im ständigen Nordostpassat, sind also eher für Segler und Surfer geeignet. Costa Teguise hat die Playa del Jablillo durch einen langen Wellenbrecher geschützt, so dass auch Kinder dort baden können.

Rundum schöne Badefreuden bieten die windgeschützten, kinderfreundlichen Strände von Puerto del Carmen und Playa Blanca im Süden. Von Playa Blanca aus sind die unter Naturschutz stehenden Playas del Papagayo schnell erreicht. Auch FKKler finden dort eine Bucht (vgl. Playa Blanca, S. 60).

Der Westen Lanzarotes ist für Naturfreunde eine Augenweide. Stürmisch zerreiben sich die Atlantikwellen an den vom Magmafluss gestalteten Küsten. Für Badegäste gibt es hier keine Playa, für Windsurfer keinen Einstieg.

Strom

Die Stromspannung beträgt 220 Volt, die Steckdosen entsprechen dem üblichen Standard. Notfalls gibt es in den Supermärkten passende Adapter.

Telefonieren

Vom Ausland wählt man ✆ **00 34** für Spanien und ✆ **928** für alle Orte auf Lanzarote, dann die Anschlussnummer. Von Lanzarote aus: ✆ 00 49 für Deutschland, ✆ 00 43 für Österreich, ✆ 00 41 für die Schweiz, dann die Ortskennzahl ohne Null, schließlich die Anschlussnummer.

Telefonieren vom Hotel aus ist teuer, günstiger ist der Anruf von der Telefonzelle, sehr einfach mit der Telefonkarte der Telefónica – am Automaten, in Tabakläden und Bars sowie beim Amt erhältlich.

Trinkgeld

In Restaurants und Bars ist der Service im Rechnungsbetrag enthalten. Bei besonders guter Bedienung sind bis zu 10 % des Betrages üblich, bei großen Rechnungen reichen € 2 bis 3. Zimmermädchen erhalten rund € 5 pro Woche, Gepäckträger 0,50 bis € 1 pro Gepäckstück, im Restaurant erhält der Oberkellner am Anfang und Ende des Urlaubs einen angemessenen Schein. Pech, wenn der Ober gleich am Anfang des Aufenthalts seinerseits in Urlaub geht. Bei Taxifahrern aufrunden oder 5 bis 10 % des Betrages geben.

Unterkunft

Große Hotel- und Apartmentanlagen dominieren in den großen Ferienzentren, Pensionen und Privatzimmer sind seltener. Passende Unterkünfte gibt es für alle Ansprüche, die Klassifizierung reicht von 2 bis 5 Sternen. Immer häufiger wird »all inclusive« angeboten: Essen und Trinken sind dann komplett im Preis inbegriffen.

Der Agrartourismus entwickelt sich allmählich auch auf Lanzarote, über die Ansprüche der Landtouristen müssen aber noch Erfahrungen gesammelt werden. Auf die Bezeichnungen sollte man achten:

Hotel Rural ist ein hotelähnlicher Betrieb, 50 000 Quadratmeter Grundfläche, behindertengerecht, mit Restaurant, Zimmer mit Wannenbad.

Agriturismo ist die Bezeichnung für eine Finca mit Landwirtschaft und Tieren, 25 000 Quadratmeter Grundfläche, Zimmer mit Dusche oder Bad, Restaurant kann es geben, muss es aber nicht.

Kanarischer Baustil in Puerto del Carmen

Vivienda Vacacional ist eine Finca mit Zimmervermietung, ohne Restaurant, auch ein Aufenthaltsraum ist nicht Bedingung. Informationen gibt es über www.turismolanzarote.com.

Zeitzone

Auf Lanzarote gilt die mitteleuropäische Zeit (MEZ) minus eine Stunde = westeuropäische Zeit (WEZ). Wenn also bei uns die Uhr 12 zeigt, ist es auf den Kanaren erst 11 Uhr.

Zoll

Obwohl die Kanarischen Inseln seit 1992 voll zur EU gehören, verfügen sie über einen Sonderstatus als Freihandelszone außerhalb der Zollunion. Deshalb gelten für Urlauber aus Deutschland und Österreich Zollbestimmungen wie für Nicht-EU-Mitglieder:

200 Zigaretten oder 100 Zigarillos oder 50 Zigarren oder 250 Gramm Rauchtabak (Mindestalter 17 Jahre); 1 Liter Spirituosen über 22 % (Mindestalter 17 Jahre), zusätzlich sind 2 Liter anderer Weine erlaubt.

500 Gramm Kaffee oder 200 Gramm Pulverkaffee (Mindestalter 15 Jahre). Tee unterliegt keinen speziellen Abgabebestimmungen mehr, der jeweilige Betrag fällt unter den Gesamtwert für »andere Waren«; 50 Gramm Parfüm. Andere Waren sind im Wert von € 175 zugelassen.

Für die Schweiz gelten: 200 Zigaretten oder 50 Zigarren oder 250 Gramm Tabak, 1 Liter Wein und 0,75 Liter Spirituosen, Geschenke im Wert bis zu 200 sFr.

Übrigens: Der Zoll überprüft gerne das Reisegepäck von Kanaren-Urlaubern.

6 Sprachführer

Alltag/Umgangsformen

Die Kanarier abseits der touristischen Zentren sind eher zurückhaltend, manchmal wortkarg. Auf eine Begrüßung verzichtet man jedoch nicht. Wenn man gerade nicht weiß, ob *buenos días*, *buenas tardes* oder *buenas noches* angesagt ist, liegt man mit einem respektvollen und kurzen *¡Buenas!* genau richtig. In Gegensatz zu Spanien, wo das Duzen üblich ist, auch wenn man sich überhaupt nicht kennt, ist es Norm auf den Kanarischen Inseln, sich zu siezen, vor allem auf dem Land. Jedoch lassen die Nachkommen der Urkanarier ihre leise Herzlichkeit schnell spüren, vor allem wenn sie bemerken, dass der Gesprächspartner sich ehrlich bemüht, ihre Sprache zu sprechen und zu verstehen.

Ein Hinweis für Reisende, die Spanisch in Spanien gelernt haben: Das kanarische Spanisch wird nach der südamerikanischen Norm ausgesprochen, d. h. insbesondere *ce, ci* und *z* werden wie in Südamerika als scharfes *s* ausgesprochen und nicht wie der scharfe dem englischen *th* ähnliche Laut des *Castellano* Kontinental-Spaniens.

¡Buenos días!	Guten Tag!
¡Buenas tardes!	Guten Abend!
¡Buenas noches!	Gute Nacht!
¡Hola!	Hallo!
¿Cómo está usted?	Wie geht es Ihnen?
¿Cómo estás?	Wie geht es dir?
¡Adiós!	Auf Wiedersehen!/Tschüss!
¡Buen viaje!	Gute Reise!
¡Hasta luego (lueguito)!	Bis bald!
¡Hasta mañana!	Bis morgen!
Me alegro mucho de haberte haberla.	Schön, Sie kennen gelernt zu haben.
sí/no/quizás	ja/nein/vielleicht
Me llamo …	Ich heiße …
¿Cómo te llamas?	Wie heißt du?
¿Cómo se llama usted?	Wie heißen Sie?
¡Perdón!	Entschuldigung!
¡Gracias!	Danke!
¡De nada!	Bitte schön/Keine Ursache!

Falls Sie nicht alles verstehen (zugegeben: die Spanier sprechen manchmal schnell), können Sie sagen: *No lo he entendido. Por favor, hable más lentamente.* Wenn auch das nichts hilft, bleibt noch die Möglichkeit, sich das Gesagte aufschreiben zu lassen: *Por favor, escríbamelo.*

Autofahren

Was auf Straßenschildern steht

obras	Baustelle
Desvio	Umleitung
el callejón sin salida	Sackgasse
prohibido aparcar	Parkverbot
el disco de estacionamiento	Parkscheibe
el peligro	Gefahr
la curva	Kurve

Rund ums Auto

Quisiera alquilar un coche.	Ich möchte ein Auto mieten.
Me han abierto el coche.	Mein Auto ist aufgebrochen worden.
Por favor, déme su nombre y dirección/su seguro.	Bitte geben Sie mir Ihren Namen und Ihre Adresse/Ihre Versicherung an.
Usted iba demasiado rápido.	Sie sind zu schnell gefahren.
El carné de conducir	Führerschein
Su documentación, por favor.	Ihre Papiere, bitte.
la autopista	Autobahn
el aparcamiento	Parkplatz
el parquímetro	Parkuhr
la máquina expendedora de tickets	Parkscheinautomat
el cinturón de seguridad	Sicherheitsgurt
la gasolinera	Tankstelle
la gasolina	Benzin
sin plomo	bleifrei
gasoil	Diesel
Llene el depósito, por favor.	Bitte volltanken.
remolcar	abschleppen
reparar	reparieren
a la derecha / a la izquierda	rechts/links
todo recto / derecho	geradeaus

En el taller mecánico	**In der Werkstatt**
He tenido un accidente.	Ich habe einen Unfall gehabt.
Me quedé sin gasolina.	Ich habe kein Benzin mehr.
¿Podría usted remolcar mi coche?	Könnten Sie meinen Wagen abschleppen?
el taller	Werkstatt
el motor	Motor
el neumático	Reifen
el foco	Scheinwerfer

Einkaufen

¿Cuánto cuesta ...?	Was kostet ...?
el dinero	Geld
la caja	Kasse
pagar	bezahlen
vender	verkaufen

la oferta especial	Sonderangebot
el escaparate	Schaufenster
Un poco menos/más, por favor.	Etwas weniger/mehr, bitte.
más pequeño/más grande	kleiner/größer
¿Dónde puedo conseguir …?	Wo bekomme ich …?
Quisiera …	Ich hätte gerne …
Por favor, déme un paquete de …	Geben Sie mir bitte eine Packung …
Por favor, enséñeme …	Zeigen Sie mir bitte …
¿Qué desea?	Was wünschen Sie?
¿Le puedo ayudar en algo?	Kann ich Ihnen helfen?
¿Puedo probármelo?	Kann ich das anprobieren?
¿Puedo pagar con esta tarjeta de crédito?	Kann ich mit dieser Kreditkarte zahlen?
¿Cuál es su talla?	Welche Größe haben Sie?
Tengo la talla …	Ich habe Größe …
la camisa	Hemd
el pantalón	Hose
la falda	Rock
el vestido	Kleid
la panty	Strumpfhose
las medias	Strümpfe
el saco	Sakko
la chaqueta	Jacke
el pañuelo	Halstuch/Taschentuch

Colores	**Farben**
beige	beige
azul	blau
marrón	braun
amarillo	gelb
rojo	rot
verde	grün
negro	schwarz
blanco	weiß

Essen und Trinken

Wo bekommt man's

la panadería	Bäckerei
la carnicería	Fleischerei
la pescadería	Fischgeschäft
el mercado	Markt
el verdulero	Gemüsehändler
el supermercado	Supermarkt

En el Restaurante	**Im Restaurant**
Por favor, una mesa para … personas.	Einen Tisch für … Personen, bitte.
Quisiera reserva una mesa para … personas a las ….	Ich möchte einen Tisch für … Personen um … Uhr reservieren.
¿Perdone, dónde están los servicios?	Entschuldigung, wo sind hier die Toiletten?

Allí detrás.	Dort hinten.
Por favor, la carta.	Die Karte, bitte.
¿Tienen comida vegetariana?	Haben Sie vegetarische Kost?
No voy a tomar primer plato.	Danke, ich nehme keine Vorspeise.
Quisiera una cerveza.	Ich möchte ein Bier.
Quisiera un vino tinto.	Ich möchte einen Rotwein.
Quisiera pagar.	Ich möchte zahlen.
Por favor, quisiera una factura.	Ich möchte eine Quittung.
¿Le ha gustado?	Hat es Ihnen geschmeckt?
Estaba todo muy bueno, gracias.	Danke, alles sehr gut.
comer	essen
beber	trinken
el agua sin gas	Mineralwasser ohne Kohlensäure
el agua con gas	Mineralwasser mit Kohlensäure
la cerveza	Bier
Ron	Rum
el vaso	Wasserglas
la botella	Flasche
Leche asada	Kondensierte süße Ziegenmilch

Mariscos/pescado	**Muscheln/Schalentiere/Fisch**
los mariscos	Meeresfrüchte
los cangrejos de mar	Meereskrebse
la langosta	Languste
los boquerones	Sardellen
Calamar/Choco	Tintenfisch
Camarones	Garnelen
Caballa	Makrele
Gambas	Scampi
Lenguado	Seezunge
Lapas	Napfmuscheln
Morena	Meeraal
Pescado a la sal	Fisch in Salzkruste
Pulpo	Krake
Sama	Zahnbrasse
Vieja	Papageienfisch
Sopa de mariscos	Suppe aus Meeresfrüchten
Sopa de pescado	Fischsuppe
Sancocho	kanarischer Fischeintopf mit Kartoffeln
el atún encebollado	Thunfisch mit Zwiebeln
la dorada	Goldbrasse
la caballa asada	gegrillte Makrele
la merluza	Seehecht
el pez espada	Schwertfisch
las sardinas alla plancha	gebratene Sardinen
el salmón	Lachs

Platos de carnes	**Fleischgerichte**
el cochino/cerdo	Schwein
estofado	Gulasch
el solomillo de cerdo	Schweinefilet
Pata de cochino asada	gebratene Schweinskeule
Puchero canario	kanarischer Fleischeintopf

Barrado de cabrito	Gebratenes Zicklein
Carne mechada	Gespickter Rinderbraten
Conejo en salsa	Kaninchen in Soße
Ropa Vieja	Fleisch/Kartoffeln/Kichererbsen
el conejo	Kaninchen
el conejo al ajillo	mit Öl und Knoblauch gebratenes Kaninchen
el escalope	Schnitzel
el filete de ternera	Kalbsschnitzel
el estofado de cordero	Lammragout
las chuletas de cordero	Lammkoteletts
la vaca	Rind
la parillada de carne	verschiedene Sorten Fleisch vom Grill
el cochinillo	Spanferkel
el cabrito	Zicklein
Aves	**Geflügel**
el pollo	Hähnchen
el pollo asado	Brathähnchen
el pollo en salsa	Hähnchen in Soße
Arroz	**Reisgerichte**
Arroz a la cubana	mit Tomaten, Spiegelei und Banane
Arroz con costra	mit Fleisch, Gemüse und geschlagenem Ei
Arroz negro	mit Tintenfischsud
el caldero	Reispfanne mit Fischen
la paella	Reispfanne mit Fisch, Meeresfrüchten, Fleisch und Gemüse
Verduras	**Gemüse**
el espárrago	Spargel
la espinaca	Spinat
las judías	Bohnen
los guisantes	Erbsen
las papas	Kartoffeln
papas arrugadas	kanarische Schrumpfkartoffeln
papas fritas	Pommes Frites
la ensalada	Salat
el tomate	Tomate
el pepino	Gurke
Fruta	**Obst**
la manzana	Apfel
la pera	Birne
las fresas	Erdbeeren
las cerezas	Kirschen
el melón	Melone
el mango	Mango
el melocotón	Pfirsich
el aguacate	Avocado
el plátano	Banane
el limón	Zitrone

la naranja	Orange
las uvas	Weintrauben
la guayaba	Guajabaapfel
la papaya	Papaya
¿Qué más hay?	**Was gibt es sonst noch?**
la leche	Milch
la nata	Sahne
el queso	Käse
Almogrote	Käsecreme aus La Gomera
Gofio	Mehl aus geröstetem Mais oder Weizen
Gofio escalado	Gofio-Suppenbrühe-Creme
Potaje de berros	Brunnenkresseeintopf
el yogur	Joghurt
el huevo	Ei
la mantequilla	Butter
la especia	Gewürz
el ajo	Knoblauch
Mojo picón	scharfe Paprika-Knoblauch-Soße
Mojo verde	Koriander-Knoblauch-Soße
Queso majorero	Ziegenhartkäse aus Fuerteventura
la sal / la pimienta	Salz/Pfeffer
el azúcar	Zucker
el vinagre	Essig
el aceite de oliva	Olivenöl
la miel	Honig
el café	Kaffee
En la panadería	**Beim Bäcker**
el pan	Brot
el pan moreno	Graubrot
el pan negro	Schwarzbrot
los pasteles	Gebäck
los dulces	süße Teilchen

Kosmetik/Presse/Geld/Öffentliche Verkehrsmittel

Was Sie zur Körperpflege brauchen

el cepillo de dientes	Zahnbürste
la pasta dentífrica	Zahnpasta
la crema de afeitar	Rasiercreme
la cuchilla de afeitar	Rasierklinge
el peine	Kamm
el lápiz de labios	Lippenstift
el jabón	Seife
el secador de pelo	Fön
los pañuelos desechables	Papiertaschentücher
la protección contra los mosquitos	Mückenschutz
En el quiosco	**Im Zeitschriftenladen**
el periódico	Zeitung
la revista	Zeitschrift/Illustrierte

Quisiera un periódico alemán.	Ich hätte gerne eine deutsche Zeitung.
el sello	Briefmarken
el bolígrafo	Kugelschreiber
el libro	Buch

En el banco	**In der Bank**
¿Perdón, dónde hay un banco por aquí?	Entschuldigen Sie bitte, wo ist hier eine Bank?
Quiero cobrar un eurocheque.	Ich möchte einen Eurocheque einlösen.
Déme también cambio, por favor.	Geben Sie mir bitte auch etwas Kleingeld.
el cajero automático	Geldautomat
la tarjeta de crédito	Kreditkarte
la firma	Unterschrift

Transporte público	**Öffentliche Verkehrsmittel**
el tren	Zug
el autobús / la guagua	Bus
la estación de guaguas	Busbahnhof
el avión	Flugzeug
el aeropuerto	Flughafen
el barco	Schiff
el puerto	Hafen
el ferry	Fähre
el jetfoil	Tragflügelboot

Asistencia médica / Medizinische Versorgung

En el médico	**Beim Arzt**
el médico	Arzt
el dentista	Zahnarzt
Tengo …	Ich habe …
¿Hay alguien aquí que hable alemán?	Gibt es hier jemanden, der Deutsch spricht?
Mi marido/mujer está enfermo/enferma.	Mein Mann/meine Frau ist krank.
Tengo una indigestión.	Ich habe mir den Magen verdorben.
He vomitado.	Ich habe mich übergeben.
Estoy muy resfriado/resfriada.	Ich bin stark erkältet.
Estoy embarazada de … meses.	Ich bin im … Monat schwanger.
Tengo la tensión alta/baja.	Ich habe einen hohen/niedrigen Blutdruck.
Tengo dolores aquí.	Hier habe ich Schmerzen.
Me he herido.	Ich habe mich verletzt.
Me he caído.	Ich bin gestürzt.
la boca	Mund
el brazo	Arm
el corazón	Herz
el diente	Zahn
la pierna	Bein
la mano	Hand

el ojo	Auge
el oído	Ohr
la cabeza	Kopf
las diarreas	Durchfall
vomitar	erbrechen
la tos	Husten
el dolor de cabeza	Kopfschmerzen
la quemadura solar	Sonnenbrand
la pomada	Salbe
los comprimidos	Tabletten
el somnífero	Schlaftablette
el remedio contra el dolor	Schmerzmittel
los vendajes	Verbandszeug

Wo? Wie? Was? – Orientierung

Wie man nach dem Weg fragt (und die Antwort versteht)

¿Perdone, dónde está …?	Entschuldigung, wo ist …?
¿Por dónde se va a …?	Wie komme ich nach …?
¿Cómo llego a la autopista?	Wie komme ich zur Autobahn?
Todo recto.	Geradeaus.
A la derecha. /A la izquierda.	Nach rechts./Nach links.
¿Es ésta la carretera a …?	Ist das die Straße nach …?

Welche Sehenswürdigkeiten gibt es in der Stadt

el puente	Brücke
el palacio	Palast
la fuente	Brunnen
el monumento	Denkmal
la iglesia	Kirche
la mezquita	Moschee
el museo	Museum
el ayuntamiento	Rathaus
la ruina	Ruine
el barranco	Schlucht / trockenes Flusstal
el risco	Klippe
el roque	Felsen

Llamar por teléfono — Telefonieren

¿Dónde puedo llamar por teléfono?	Wo kann ich hier telefonieren?
¿Podría indicarme dónde hay una cabina telefónica?	Können Sie mir bitte sagen, wo hier eine Telefonzelle ist?
¿Dónde puedo comprar una tarjeta telefónica?	Wo bekomme ich eine Telefonkarte?
¿Cuál es el prefijo de …?	Wie ist die Vorwahl von …?
No contesta nadie.	Es meldet sich niemand.
Inténtelo otra vez.	Versuchen Sie es noch einmal.
La línea está ocupada.	Die Leitung ist besetzt.

Alojamiento	**Unterkunft**
Busco un alojamiento.	Ich suche eine Unterkunft.
¿Cuánto cuesta?	Wieviel kostet es?
¿Puede hacerme allí una reserva?	Können Sie für mich dort reservieren?
¿Tiene alguna habitación doble/individual libre?	Haben Sie ein Doppelzimmer/ Einzelzimmer frei?
¿Puedo ver la habitación?	Kann ich mir das Zimmer ansehen?
¿Puede poner una cama para un niño?	Können Sie ein Kinderbett aufstellen?
el lavamanos	Waschbecken
con ducha y water	mit Dusche und WC
Mañana salimos.	Wir reisen morgen ab.
Me puede prepar la cuenta, por favor.	Machen Sie bitte die Rechnung fertig.
Por favor, llame un taxi.	Rufen Sie bitte ein Taxi.
el camping	Campingplatz
la tienda de campaña	Zelt

El tiempo	**Wetter**
¿Qué tiempo hará hoy?	Wie wird das Wetter heute?
Hará calor.	Es wird warm.
mucho calor	heiß
frío	kalt
¿Cuántos grados tenemos?	Wieviel Grad haben wir?
la nubosidad	Bewölkung
el calor	Hitze
la lluvia	Regen
el sol	Sonne
el viento	Wind
la nube	Wolke

Números	**Zahlen**
cero	null
uno	eins
dos	zwei
tres	drei
cuatro	vier
cinco	fünf
seis	sechs
siete	sieben
ocho	acht
nueve	neun
diez	zehn
once	elf
doce	zwölf
trece	dreizehn
catorce	vierzehn

quince	fünfzehn
dieciséis	sechzehn
diecisiete	siebzehn
dieciocho	achtzehn
diecinueve	neunzehn
veinte	zwanzig
treinta	dreißig
cuarenta	vierzig
cincuenta	fünfzig
sesenta	sechzig
setenta	siebzig
ochenta	achtzig
noventa	neunzig
cien	hundert
mil	tausend

Fechas/horas/calendario — Zeitangaben/Kalender

¿Qué hora es?	Wie spät ist es?
Es la una.	Es ist 1 Uhr.
A las nueve aproximadamente.	Ungefähr um 9 Uhr.
hoy	heute
ayer	gestern
mañana	morgen
por la mañana	vormittags
por la tarde	nachmittags/abends
el día	Tag
la semana	Woche
el mes	Monat
el año	Jahr
el lunes	Montag
el martes	Dienstag
el miércoles	Mittwoch
el jueves	Donnerstag
el viernes	Freitag
el sábado	Samstag
el domingo	Sonntag
enero	Januar
febrero	Februar
marzo	März
abril	April
mayo	Mai
junio	Juni
julio	Juli
agosto	August
septiembre	September
octubre	Oktober
noviembre	November
diciembre	Dezember

Die **fetten** Seitenzahlen verweisen auf ausführliche Erwähnungen, *kursiv* gesetzte Begriffe bzw. Seitenzahlen beziehen sich auf den Service.

Bildnachweis

Gottfried Aigner, München: S. 13, 18, 21, 25, 34, 45, 65, 72, 75 u., 76, 78
Fotolia/Reinalde Roick: S. 67
Franz Marc Frei, München: S. 39
Rainer Hackenberg, Köln: Schmutztitel (S. 1), 17, 32, 35, 44 u., 46/47, 60
iStockphoto/Stuart Taylor: S. 68
János Kalmár, Wien: S. 11
Lancelot Internacional: S. 9
solucionet: S. 22, 37 o., 44 o., 49 u., 56
Turespaña: S. 73
Vista Point Verlag (Archiv), Köln: S. 7, 8, 27, 38 l., 38 r., 41, 49 o.
Ernst Wrba, Wiesbaden: S. 2, 4/5, 6, 14, 19, 23, 26, 28, 30, 33, 37 u., 40, 43, 50, 52, 54, 55, 57, 58, 63, 74 o., 81, 83

Schmutztitel (S. 1): Lanzaroteños auf dem Sonntagsmarkt in Teguise

4., aktualisierte Auflage 2010

Verlegerische Leitung und Reihenkonzeption: Horst Schmidt-Brümmer, Andreas Schulz
Bildredaktion: Andrea Herfurth-Schindler
Lektorat: Eszter Kalmár, 4. Auflage: JB Bild | Text | Satz, Köln
Layout und Herstellung: Britta Wilken, Sandra Penno-Vesper
© Kartographie: Kartographie Huber, München
Gedruckt auf chlorfrei gebleichtem Papier

ISBN 978-3-88973-142-5

An unsere Leserinnen und Leser!
Die Informationen dieses Buches wurden vom Autor gewissenhaft recherchiert und von der Verlagsredaktion sorgfältig überprüft. Nichtsdestoweniger sind inhaltliche Fehler nicht immer zu vermeiden. Für Ihre Korrekturen und Ergänzungsvorschläge sind wir daher dankbar.

VISTA POINT VERLAG
Händelstr. 25–29 · 50674 Köln · Postfach 27 05 72 · 50511 Köln
Telefon: 02 21/92 16 13-0 · Fax: 02 21/92 16 13 14
www.vistapoint.de · info@vistapoint.de